CUADERNO PARA RECUPERAR TU SALUD MENTAL

KATHERINE PONTE

CUADERNO PARA RECUPERAR TU SALUD MENTAL

Una ayuda indispensable para tener una vida estable y significativa

Traducción de Maria Laura Saccardo

Urano
Argentina – Chile – Colombia – España
Estados Unidos – México – Perú – Uruguay

DEDICATORIA

Es mejor recorrer el camino de la recuperación acompañado de seres queridos, amigos y profesionales de la salud. En mi caso, tengo a algunas personas especiales a quienes me gustaría dar las gracias.

A Izzy, mi atento marido, por todo su amor y apoyo en los tiempos difíciles y también en los felices.

Chaya, mi bondadosa terapeuta ocupacional, por ponerme en contacto con mis iguales, toda una fuente de inspiración.

Doctor Goldberg, mi increíble psiquiatra, por demostrarme que siempre hay motivos para tener esperanza.

Doctor Davidson, mi maravilloso mentor, por demostrarme que mis vivencias son importantes y pueden ayudar a otros.

CONTENIDO

EL VIAJE

HACERLES FRENTE A LOS DESAFÍOS

CONTROLAR LAS EMOCIONES

TRATAMIENTO

AUTOCUIDADO

RELACIONES

Una enfermedad mental puede evolucionar a través de muchas etapas. Como la oruga que se convierte en mariposa, una vida que parece condenada a la soledad puede transformarse en algo bello casi por arte de magia. Esta belleza es la recuperación, y la magia es la esperanza.

—Katherine Ponte

ENTENDER LA RECUPERACIÓN EN LA SALUD MENTAL

Durante mucho tiempo, no fui consciente de la complejidad de los trastornos mentales y los distintos obstáculos que estos implican en cada etapa del proceso hacia la recuperación.

Estaba condicionada a pensar en mi enfermedad en términos de «estar mal» o «grave» a «no tan mal» o «menos grave», sin que cupiera la posibilidad de ir más allá de la categoría de «no estar tan mal». No existía una sensación de progreso en el tiempo, pues los médicos describían mi condición basándose en cómo me encontraba en ese momento en lugar de en qué punto del camino de la salud mental me encontraba.

Esta experiencia, en mi opinión, destaca lo equivocado que suele estar el enfoque general respecto a la salud mental. Es decir, el hecho de verla como un estado permanente y no como un camino potencial hacia una vida mejor. De hecho, ni siquiera supe que existía posibilidad alguna de «recuperación» hasta que no me hospitalizaron por tercera vez debido a mis trastornos mentales. Fue después de dicha hospitalización, de empezar a sentirme mejor y de hacer ciertos cambios que decidí implementar en mi vida por iniciativa propia, que tuve la revelación de que un trastorno mental no es otra cosa que un proceso en el que los «pacientes» podemos cumplir un rol activo.

Y tengo la certeza de que, si lo enfocamos de este modo —como un proceso y un camino hacia la recuperación—, no solo podemos dar esperanzas y mejorar el resultado de los tratamientos, sino también ayudar a que nuestros seres queridos entiendan y participen de la experiencia de recuperación.

El concepto de estar «recuperándote» de un trastorno mental puede resultar extraño, porque, como en mi caso, puede que te hayan dado a entender que tu enfermedad es de por vida, dejando de lado la posibilidad de que esta sea una buena vida. Mi deseo es que este libro dé pie a una mentalidad diferente, una de esperanza, recuperación y buena salud.

El concepto de recuperación

Cuando decidí hacerme cargo de mi cuidado después de mi tercera hospitalización —convirtiéndome así en una estudiante de la salud mental— supe que existen múltiples investigaciones y evidencias que respaldan el concepto de «recuperación». Muchas de estas investigaciones abogan por una visión más constructiva respecto a las posibilidades y etapas vitales de una persona que padezca algún tipo de trastorno mental.

William A. Anthony, un académico pionero en la investigación de la recuperación de trastornos mentales, la describe como:

> Un proceso personal y único de cambio de actitud, valores, sentimientos, objetivos, habilidades y roles. Es una forma de llevar una vida satisfactoria, responsable y esperanzada, a pesar de las limitaciones provocadas por la enfermedad. La recuperación incluye la creación de nuevos significados y propósitos vitales a medida que se superan los efectos catastróficos del trastorno mental. (William A. Anthony, 1993)

Muchas personas definen la recuperación como la capacidad de disfrutar de una combinación de trabajo funcional, relaciones personales saludables e implicación en la comunidad, sin dejar de convivir con la enfermedad.

No podemos olvidar que, cuando hablamos de recuperación, es importante reconocer que seguiremos viviendo con un trastorno mental, y que recuperarse no significa que haya desaparecido o nos hayamos «curado», sino que nos referimos a la recuperación de calidad de vida y a la posibilidad de vivirla al máximo, sin dejar de convivir con el trastorno.

¿A qué nos referimos con «trastorno mental»?

Existen muchas clases de trastornos (o enfermedades) mentales graves, a menudo designados como TMG, que se definen, en gran medida, por su impacto en nuestra capacidad de realizar actividades cotidianas de manera funcional.

El Instituto Nacional de Salud Mental (NIMH por sus siglas en inglés), parte del Departamento de Salud y Servicios Humanos de los Estados Unidos, define a un TMG como «un trastorno mental, de comportamiento o emocional, que resulta en una discapacidad funcional grave e interfiere o limita sustancialmente una o más actividades esenciales de la vida cotidiana»

(National Institute of Mental Health, s. f.). Las enfermedades consideradas como TMG incluyen, principalmente, el trastorno bipolar, la depresión, la esquizofrenia y el trastorno esquizoafectivo. De todas formas, ten en cuenta que este libro de ejercicios no se limita a estas enfermedades, sino que pone énfasis en si el trastorno mental interfiere verdaderamente en tu vida. Por lo tanto, un trastorno mental grave —aquel por el que necesitarías llevar a cabo una recuperación severa— también puede incluir afecciones como problemas de ansiedad, desórdenes alimentarios, trastorno de la personalidad, entre otros; lo que quiero decir es que no nos limitaremos a realizar una lista de enfermedades, sino que vamos a intentar mejorar nuestra vida a pesar de ellas.

La salud mental como camino

Es importante subrayar que hay muchas etapas en el camino de la salud mental que no siempre están bien definidas, y que cada uno ve dicho camino y sus etapas de manera única. También es probable que las etapas se superpongan. Mi camino hacia la recuperación, al igual que el de muchos, no ha sido lineal.

He dividido mi propio camino de salud mental en las siguientes etapas por las que he avanzado y, a menudo, retrocedido para avanzar de nuevo:

- Aparición de síntomas y diagnóstico.
- Crisis.
- Retiro y aislamiento.
- Tratamiento.
- Recaída.
- Estabilidad.
- Remisión.
- Recuperación.

Pero tu experiencia y los términos que uses para definirla dependerán de tus circunstancias personales, más allá de tu condición mental específica; entre ellas, el grado de implicación de tus seres queridos u otras personas que te apoyen durante el proceso, y el acceso que tengas a la atención por parte de profesionales de la salud mental.

Dicho esto, la realidad es que suele haber muchos puntos en común entre las experiencias individuales relacionadas con estos trastornos mentales. Quizá la más importante sea la posibilidad de llevar una vida verdaderamente satisfactoria mientras recorremos nuestro camino hacia la recuperación. Dejar los síntomas atrás no es un requisito indispensable para iniciar el proceso de recuperación, de hecho, este puede empezar ahora mismo con la lectura de este libro.

Cuánto tiempo nos llevará y qué implicará llegar a la meta es algo variable, así como lo que recuperarse significa para cada uno de nosotros, pero los principios y la motivación de andar este camino son, en gran medida, factores compartidos.

¿A quién va dirigido este libro?

Este libro de ejercicios ha sido ideado para ayudar a la gente durante cualquier etapa de su camino:

- Puede servir para dar ánimo a aquellos que todavía no están en proceso de recuperación, hacerles saber que sí es posible la recuperación, y hacer que crean en ella y emprendan ese camino.
- Puede ayudar a dar ánimo a quienes ya están atravesando su propia senda hacia la recuperación.
- Puede ayudar a quienes ya hayan alcanzado dicha recuperación y darles ánimo para que sigan así.

Este libro tiene como objetivo ayudarte a desarrollar una serie de habilidades que podrán servirte en tu camino hacia la recuperación del trastorno de salud mental que puedas estar sufriendo. Y, aunque contiene nociones y prácticas que ayudarán a anticipar y prevenir una crisis, nunca debe utilizarse como sustituto de la atención médica, en especial durante una crisis.

MI CAMINO HACIA LA RECUPERACIÓN

Me enorgullece decir que, en la actualidad, llevo una vida de lo más funcional y próspera, a pesar de mi trastorno mental grave. Pero el camino hacia esta «recuperación» ha sido largo y difícil, lleno de años de esfuerzos fallidos, pérdidas, decepciones, desmotivación y estigma.

Antes, apenas existía —sobrevivía—, me sentía avergonzada y desesperada y me creía desamparada. Me había recluido y aislado de los demás e incluso de mí misma, y así viví durante catorce años.

Hasta que, de repente, cuando estaba hundida en la desesperación más profunda, encontré la esperanza de recuperarme en el lugar más improbable para ello, un centro psiquiátrico. Aquellos que se encontraban en situaciones similares a la mía me sirvieron de inspiración; vi a gente que se enfrentaba a problemas de salud mental como el mío, lograban recuperarse y vivían bien. Eso me dio la esperanza de que yo también podía «mejorar» y esa chispa me abrió la puerta a imaginar la posibilidad de una vida en plena recuperación.

Encontrar mi propio camino

Estaba resuelta a alcanzar la recuperación, pero el camino a seguir era incierto; no había una guía oficial establecida. Aún no sabía dónde encontrar el apoyo de mis iguales, es decir, la gente en mi misma situación, ni qué formas podía tomar dicho apoyo. Mi futuro no estaba nada claro, por lo que, por lo general, me sentía confundida, frustrada y asustada.

Aunque tenía acceso a un buen tratamiento médico, sabía que podía hacer mucho más por mi cuenta. A pesar de que mi esposo me apoyaba y me brindaba su afecto, a veces parecía haber perdido la esperanza, ya que él no había sido testigo de aquellos ejemplos de recuperación que tanto me habían inspirado a mí. En definitiva, me sentía sola. Era una situación realmente difícil.

Sin embargo, en mi búsqueda de gente con trastornos mentales similares al mío que hubieran sido capaces de llevar vidas plenas, poco a poco fui descubriendo toda una comunidad. Fui aprendiendo sobre sus experiencias con la enfermedad y la recuperación y pude compartir detalles de la mía, lo que me ha servido de inspiración, apoyo y guía en mi propio camino hacia la recuperación. Hasta que, en 2018, ¡lo logré! He alcanzado mi meta: la recuperación.

Qué significa la recuperación para mí

Recordemos un concepto crucial: la recuperación no es sinónimo de estar «curado». Para mí, significó llegar a un punto en el que era, y sigo siendo, capaz de llevar una vida segura, digna y llena de significado, sin que esta esté limitada por mi enfermedad.

He sufrido tropiezos y he cometido muchos errores en el camino, también me he enfrentado a mucha decepción y angustia, pero, con cada desafío que he ido superando, me he vuelto más fuerte y sabia.

Me complace decir que he estado viviendo mi versión de la recuperación desde 2018. Sin embargo, aunque rezo por seguir así el resto de mi vida, es un camino sin fin en el que trabajo todos los días.

Ayudar a otros en su recuperación

Ya que tener una vida satisfactoria en este estado de recuperación se había convertido en una realidad a largo plazo para mí, supe que quería que la misión de mi vida fuera dar esperanzas a otras personas que estuvieran pasando por lo mismo que pasé yo.

Así que, ahora, eso es lo que hago, a través de compartir mi experiencia vital, tanto lo bueno como lo malo. Lo hago de todas las maneras que se me ocurren, con el objetivo de llegar a tantos otros de mis iguales y sus acompañantes (quienes están a su lado durante el proceso) como sea posible, en especial a aquellos que se enfrentan a dificultades mayores, como los pacientes psiquiátricos.

Una de las iniciativas que decidí llevar a cabo a través de compartir mi experiencia fue la creación de la plataforma de apoyo ForLikeMinds, que, en el momento de escritura de este libro, cuenta con una comunidad de Facebook de más de setenta y cinco mil seguidores. Sé que las lecciones que he aprendido a lo largo de mi camino pueden ser muy útiles, así que me siento muy agradecida por poder llegar a tanta gente. Casi todos los días, alguien me contacta y me da las gracias por mi ayuda y por darle esperanzas. Verás, nos necesitamos el uno al otro, tú y yo. Yo te necesito, tú me necesitas. Nos ayudamos a la hora de dar significado y propósito a nuestras vidas.

Todos podemos colaborar de manera significativa a difundir la esperanza en la recuperación y a ayudar a la gente que convive con trastornos mentales a alcanzarla. Porque, aunque nuestros acompañantes nos apoyan, los académicos nos estudian y los médicos nos tratan, solo nosotros vivimos la experiencia; por lo tanto, los que vivimos con enfermedades mentales somos expertos por necesidad, a través de nuestra propia experiencia. A fin de cuentas, nadie puede conocernos mejor que nosotros mismos, es por eso que podemos ejercer una influencia tan profunda los unos en los otros. Debemos compartir nuestras experiencias en primera persona y aprovechar la oportunidad de ayudarnos a aprender tanto de nuestras luchas como de nuestros éxitos, pues cuando nos empoderamos de este modo, nuestras posibilidades de alcanzar la recuperación aumentan considerablemente.

Mi intención al escribir este libro es informar y empoderar a tantas personas que sufren de trastornos de salud mental como sea posible. Así que, sinceramente, espero poder ayudarte y apoyarte en tu camino hacia la recuperación, para que puedas vivir esa vida maravillosa y plena que mereces.

HACER QUE FUNCIONE

Este trabajo lo vamos a hacer juntos, tú y yo. Confía en mí y déjame ser tu guía hacia la recuperación.

Eres valiente, audaz y mucho más fuerte de lo que piensas; a fin de cuentas, vivir con un trastorno mental requiere mucha resistencia y resiliencia y, solo por empezar a leer este libro, ya has dado un gran paso hacia la «mejora» y la mejor vida posible.

Pero quiero ayudarte en tu camino; todos necesitamos un poco de ayuda, no hay que sentirse avergonzado ni débil por ello. Por el contrario, buscar apoyo requiere una gran conciencia sobre uno mismo y mucha fuerza. Y tal vez yo sea capaz de enseñarte algunas cosas sobre ese camino que tú aún no conoces.

Por ejemplo, ahora todo puede parecer difícil, muy difícil o incluso imposible de sobrellevar. Puede que te sientas triste, solo o desesperado, pero te aseguro que tu situación actual no es permanente. No te vas a sentir siempre así.

La recuperación es posible, no importa cuánto tiempo lleves estando mal. De hecho, puede que esté más cerca de lo que crees.

Espero que la lectura de este libro te ayude a imaginar qué podría ser la recuperación para ti, y así lograr alcanzarla con más facilidad. Me siento una privilegiada por tener la oportunidad de formar parte de este proceso.

Sin embargo, también es importante establecer desde un principio que no llegarás a tu punto de recuperación solo a través de la lectura de este libro, siguiendo los consejos de los profesionales de la salud y confiando en el apoyo de tus seres queridos. Por supuesto que todas estas cosas serán de gran ayuda, pero, en última instancia, la recuperación está dentro de ti, en tus perspectivas y en tus esperanzas de una vida mejor. Al fin y al cabo, depende principalmente de ti, y, créeme, eres capaz de hacerlo.

No es fácil saber qué tratamiento y qué cambios en la rutina funcionarán en tu caso. Pero a través de la curiosidad, la exploración, el esfuerzo, la disciplina, el compromiso, la resiliencia y la paciencia suficientes, además de, por supuesto, el apoyo de gente como yo, de tus seres queridos u otros profesionales de la salud, confío plenamente en que serás capaz de averiguar qué es lo que funciona para ti, y ponerlo en práctica.

SOBRE ESTE LIBRO

El objetivo de este libro es compartir ideas y prácticas que te empoderen en tu camino hacia una vida mejor.

Se basa en una combinación de:

- Mi propia experiencia conviviendo con un trastorno mental grave durante más de veinte años.
- Mis observaciones y percepción sobre aquellos en situaciones similares a la mía, mis iguales.
- La investigación sobre tratamientos basados en la evidencia con los que he estado en contacto como parte de mi proceso de recuperación.

Por lo tanto, las páginas que siguen han sido diseñadas no solo para ofrecer ideas generales acerca de una amplia gama de conceptos que espero que te ayuden en tu viaje, sino también como estrategias prácticas que quizás te sirvan a la hora de alcanzar la recuperación.

El poder del apoyo entre iguales

Como ya he mencionado, muchos de los principios y prácticas de este libro están inspirados, basados o reforzados por información y percepciones obtenidas de aquellos en situaciones similares a la mía, es decir, a través del «apoyo entre iguales».

La idea del apoyo entre iguales se basa en la creencia de que la gente que ha tenido que hacer frente, soportar y superar la adversidad puede dar aliento, esperanza e incluso ejercer de mentores para otros en situaciones similares. Es un enfoque basado en la evidencia que ha demostrado mejorar los resultados en el ámbito de la salud mental.

Espero que este libro sirva como una forma de apoyo entre iguales y ofrezca muchos de los beneficios que el apoyo personal ofrecido en otras modalidades y foros puede brindar.

Un estudio de 2014, que evaluó la eficacia del apoyo entre iguales mediante el empleo de acompañantes en el tratamiento de trastornos mentales graves, ha revelado «una reducción del uso de servicios de hospitalización, mejores relaciones con los profesionales de la salud, mayor implicación en los procesos de recuperación, niveles más altos de empoderamiento, más participación por parte del paciente y, también, más esperanza en la recuperación» (Chinman *et al.*, 2014). Una revisión narrativa realizada en 2017 ha señalado que el apoyo entre iguales contribuye a aumentar «la esperanza, el empoderamiento y la calidad de vida» (Bellamy *et al.*, 2017).

Los temas de la recuperación

Este libro aborda una gran variedad de temas —cincuenta y cuatro en total— que pueden ser importantes en el camino hacia la recuperación. Estos cincuenta y cuatro temas están organizados en ocho capítulos más amplios a fin de facilitar la lectura, como se explica en detalle en «Cómo usar este libro».

Los capítulos son:

- **Autoevaluación:** te da la oportunidad de ganar conciencia sobre tus problemas de salud mental y hacerlos tuyos.
- **Planes de vida:** refuerza las posibilidades de vivir una buena vida a pesar de tus trastornos mentales y fomenta el establecimiento de metas.
- **El camino:** ofrece orientación sobre qué esperar durante el camino hacia la recuperación y cómo gestionar la experiencia de dicha recuperación.
- **Hacer frente a los desafíos:** te da herramientas para ayudarte a lidiar con aquellos desafíos inevitables que encontrarás en tu camino hacia la recuperación.
- **Controlar las emociones:** sugiere estrategias efectivas a fin de saber manejar y reinterpretar los desafíos emocionales en los que te encuentres.
- **Tratamiento:** presenta opciones de tratamiento individualizadas, que incluyen terapia, atención psiquiátrica, medicación, comorbilidades frecuentes, prevención del suicidio y planificación de crisis, y ayuda a explorarlas.
- **Autocuidado:** aborda diferentes enfoques respecto al autocuidado, entre ellos, los tratamientos alternativos y complementarios.

- **Relaciones:** explora cómo optimizar las relaciones de apoyo con tal de facilitar el proceso de recuperación.

Uso para «acompañantes» y profesionales de la salud mental

Este libro brinda muchas oportunidades de involucrar a aquellos a quienes llamo los «acompañantes» en tu camino hacia la recuperación, ya sean seres queridos, profesionales de la salud (psiquiatras, terapeutas y similares) o tus iguales. De hecho, muchas de las sugerencias implican trabajar directamente con dichos acompañantes siempre que te sea posible.

He escrito este libro en especial para quienes sufren trastornos de salud mental, pero espero que sus «acompañantes» también lo encuentren útil. Si eres uno de ellos, puedes usarlo de alguna de las siguientes maneras:

- Para aumentar tu comprensión sobre las estrategias que puedes proporcionar a aquellos a quienes ayudas, así como inspirarles.
- Para recomendarlo o regalarlo a quienes acompañas con tal de animarlos en su camino hacia la recuperación.
- Para trabajar y completar junto a quienes acompañas como parte de su participación activa en el proceso de recuperación.

Si eres un profesional de la salud, por ejemplo, es posible que te sirva para comprender mejor la experiencia de recuperación de tus pacientes; puedes elegir incorporar algunos elementos del conocimiento de apoyo entre iguales con tal de inspirarles o darles esperanzas de recuperación; o puedes usar el libro para debatir sobre esta, lo que a su vez puede mejorar los resultados del tratamiento a través del aumento de la implicación del paciente.

Si eres médico clínico, puedes recomendarlo para su uso en casa o para comentarlo en la consulta, con el fin de mejorar la continuidad entre las visitas. El estilo conciso del libro y sus ejercicios deberían ayudarte.

CÓMO USAR ESTE LIBRO

Muchos libros de este tipo están diseñados para que el lector avance y complete los ejercicios en un orden determinado, ya que cada sección se basa en las anteriores. Puedes seguir el mismo criterio en este caso, pero también puedes optar por completarlas en el orden que te parezca. Cada una de las cincuenta y cuatro secciones puede ser abordada de manera independiente, lo que significa que puedes completarlas en el orden que consideres más útil para ti en un momento dado.

Además, como he mencionado en «Los temas de la recuperación», las secciones están agrupadas en ocho categorías más amplias, o capítulos, que espero te ayuden a consultar el libro identificando qué capítulos y secciones son más relevantes para tu situación.

Deseaba ofrecer este enfoque flexible para enfatizar el hecho de que el camino hacia la recuperación en salud mental es diferente para cada persona, ya que se trata de un proceso personal.

Esto implica que, tal vez, algunos capítulos no te resulten tan relevantes como otros. Por lo tanto, te sugiero que comiences por los capítulos que te parezcan más interesantes y de los que creas que puedes beneficiarte más, y luego vayas avanzando desde ese punto.

Te recomiendo llevar un diario mientras completas los ejercicios de este libro, que te puede servir en caso de necesitar más espacio para completar los ejercicios y tomar notas.

Tu compromiso de recuperación

Sin embargo, sugiero que recurras a la sección «Tu compromiso de recuperación» antes de continuar con otra sección, pues te ayudará a afirmar o reafirmar tu compromiso.

No importa si estás al inicio de tu camino hacia la recuperación o afinando algunos aspectos, dicho compromiso te servirá para fortalecer tus objetivos a lo largo de este libro.

Al identificar estos objetivos de manera consciente, podrás progresar con una idea mucho más clara y estar más determinado a sacarle el mayor provecho posible a este libro.

La estructura

«Tu Compromiso de recuperación» y las cincuenta y cuatro secciones del libro consiguientes están conformados por «objetivos» y «ejercicios».

En la sección de objetivos se discute el tema en cuestión de forma general, con una combinación de información, enfoques sugeridos y orientación práctica, todo ello dirigido a ayudarte a alcanzar la recuperación y a mantenerte en ese punto.

Cada sección de objetivos se complementa por su correspondiente sección de ejercicios, diseñada para ayudarte a poner en práctica las estrategias orientadas hacia la recuperación. En ellas encontrarás ejercicios directos basados en la autorreflexión, el aprendizaje y el desarrollo de habilidades. Por lo tanto, la idea es reforzar los temas discutidos en los objetivos a través de realizar dichos ejercicios

Al abordar cada sección, intenta hacerlo con la mente abierta y dar una oportunidad a nuevas ideas y posibilidades. Quizás no sientas que todo lo que leas es aplicable a tu situación particular, así que céntrate en los temas que consideres más relevantes para ti. De todas formas, intenta de no descartar de inmediato los otros objetivos y piensa, en cambio, si alguno te podría ser útil de alguna forma que no habías tenido en cuenta, tanto ahora como, quizás, más adelante.

El libro también está pensado para que puedas volver a cualquier página de objetivos y ejercicios que consideres relevante en tu tratamiento continuo. Esto te dará la oportunidad de repasar ciertos temas cuando sientas que lo necesitas, volver a realizar ejercicios útiles para ti, reflexionar sobre cómo estás en el momento presente en comparación con el pasado y, potencialmente, adaptar cualquiera de las estrategias de autocuidado a tu situación actual, en función del punto en el que te encuentres en el camino hacia la recuperación.

Espero que este libro te ayude a empezar a trabajar en tu recuperación y, finalmente, a alcanzarla. Seamos sinceros: nunca lo sabrás si no lo intentas.

Una pizca de esperanza puede abrir muchas puertas. Así que sé paciente y optimista. Quién sabe cómo de buenos pueden llegar a ser los resultados...

A efectos prácticos, te recomiendo que elijas una bonita libreta para usar junto a este libro, para que puedas tomar nota de tus observaciones y descubrimientos a lo largo del camino hacia la recuperación. Si alguna vez decides volver a ciertos temas y ejercicios, como he mencionado, la libreta te ayudará a hacerlo con facilidad a fin de ver cómo te fue con el ejercicio la última vez que lo hiciste y compararla con la actual. También puedes actualizar tus resultados y llevar un seguimiento de tu progreso en algunos ejercicios específicos en un periodo de tiempo concreto.

SUPERAR OBSTÁCULOS A LO LARGO DEL CAMINO

Es normal toparse con un sinfín de obstáculos durante el camino hacia la recuperación, así que, por favor, no te desanimes cuando aparezcan. Si bien este libro está destinado a ayudarte a evitar ciertos obstáculos, también espero que te ayude a superar los que se presenten en tu camino.

También es importante recordar que las «recaídas» son algo de lo más común. Con recaída hablo de la reaparición de síntomas derivados de una enfermedad mental, que pueden afectar negativamente a tu rendimiento diario.

La causa principal de una recaída es olvidar tomar la medicación, por lo que es importante seguir el tratamiento y solo ajustarlo con el tiempo y habiéndolo consultado con tu médico previamente. Sin embargo, existen otras causas para la recaída que suelen ser inevitables, pero a cuyas señales puedes estar atento, ya que, en general, comienzan con un cambio en cómo te sientes y en lo que haces, con una alteración de tu «yo» habitual.

Si percibes alguna de estas señales, es importante que busques ayuda lo antes posible. También es importante que tengas presente que una recaída no significa que los progresos que ya has logrado vayan a desaparecer, ni que tengas que empezar de cero. Si sufres una recaída, intenta verla como un obstáculo en el camino, uno de los muchos posibles desafíos que «vas a superar» con tal de no salirte del camino hacia la recuperación.

Es posible que no puedas evitar una recaída, pero no debes permitir que esta te detenga en tu búsqueda de la recuperación. ¡No puedes dejar que provoque que te rindas! Al fin y al cabo, cada obstáculo que superamos nos ayuda a ganar experiencia a lo largo del camino, lo que significa que, en el futuro, es probable que esos obstáculos resulten menos preocupantes y más manejables.

Este libro está destinado a ayudarte a lidiar con los obstáculos o «baches» que encuentres en el camino y que, así, tu proceso parezca menos abrumador y más asequible. Si te pierdes o te distraes durante el viaje, espero que este libro te ayude a volver al buen camino.

TU COMPROMISO DE RECUPERACIÓN

La recuperación es el camino que te llevará a alcanzar la vida que deseas y a convertirte en una versión mejor y más auténtica de ti mismo. Mucha gente que sufre trastornos mentales no cree que esto sea posible, pues nunca han sido testigos de ejemplos que lo prueben, o lo que han presenciado les ha dado la impresión de que siempre estarán enfermos. Sin embargo, con esperanza, esfuerzo, energía y compromiso, ¡la recuperación es posible! ¡No esperes ni un minuto más y empieza a andar tu camino!

Aunque puede que tu recuperación no esté exenta de síntomas, es posible minimizarlos para que estos no te detengan. Con el enfoque adecuado, quizás hasta llegues a deshacerte de ellos.

Lo más probable es que el camino no sea lineal; es posible que sea difícil y esté lleno de obstáculos. Los contratiempos son frecuentes y, a veces, puedes sentirte estancado. Sin embargo, si te centras en aquello que te hace fuerte, los superarás y podrás seguir adelante.

La paciencia y la resiliencia son fundamentales, ya que, a menudo, una carrera de fondo se gana gracias a un paso lento pero firme. A veces, probar algo diferente también puede ser útil. Descansa cuando lo necesites, pero nunca te rindas ni temas pedir un poco de ayuda. Contar con el amor y el apoyo de tus amigos y familiares, así como con el mejor tratamiento médico posible, es fundamental: un enfoque en «equipo» suele funcionar mejor que uno individual. Ahora, ponte en marcha. Tu «yo» verdadero, tu «yo» completo, te está esperando.

* * *

Realiza este compromiso de recuperación para aceptar y confirmar los principios que te guiarán en el camino. Introduce las modificaciones que creas necesarias. Hazlo tuyo.

Yo, _____, juro solemnemente que, cada día:

1. Seré consciente de que merezco recuperarme.

2. Dejaré atrás el estigma que pesa sobre mí.

3. No perderé la esperanza.

4. Perseguiré y viviré la vida que deseo.

5. Seré responsable de mí mismo.

6. Me esforzaré con tal de recuperarme.

7. Pediré ayuda y apoyo y los aceptaré cuando lleguen.

8. Buscaré el mejor tratamiento posible.

9. Seré fiel al tratamiento.

10. Me esforzaré por lidiar con los obstáculos que aparezcan en mi camino.

11. Practicaré el autocuidado.

12. Me mantendré en el camino hacia la recuperación, pase lo que pase.

AUTOEVALUACIÓN

1

Amarte a ti mismo

Objetivos

Amarse a uno mismo es algo hermoso. Tienes que ser consciente de que eres especial, incluso si estás pasando por momentos difíciles. Sé amable, gentil y compasivo contigo mismo. Eres querido y significas mucho para mucha gente, aunque a veces no lo sientas así. El trastorno mental puede hacerte pensar: «¿quién me va a amar a mí?» y, en consecuencia, hacerte sentir que nadie te quiere, que no eres digno de ser amado o, incluso, puedes llegar a odiarte a ti mismo. Aunque estos pensamientos te persigan, no son más que estigmas en los que no debes confiar ni escuchar. A veces, puede que no haya nadie más duro contigo que tú mismo, pero no mereces ser tratado con tanta dureza; eso solo va a empeorar las cosas.

A veces, puede que sean otros los que te hagan sentir poco amado, que están cansados de ti y tu enfermedad y que no te aguantan. ¡Recuerda que están reaccionando a la enfermedad, no a tu persona! Intenta no alejar a aquellos que se preocupan por ti por miedo a que te abandonen. Sea como sea, no todo el mundo estará de tu lado, así que asegúrate de centrarte en la gente valiosa de tu vida y no en ese amigo o miembro de la familia insensible que tal vez te haya dado la espalda.

La verdad es que eres una persona maravillosa. Tienes un montón de cualidades increíbles, incluso algunas que quizás todavía no conozcas. El trastorno mental puede estar impidiéndote ver estas cualidades, pero tus amigos y familiares sí que las ven. Es probable que no te valores lo suficiente, o puede que no lo estés haciendo en absoluto. Recuerda: el amor propio es fundamental para la recuperación. Antes de dirigir tu atención hacia los demás, primero debes quererte a ti mismo. Amarte hará que te des cuenta de que eres digno de una vida mejor. Cuando te quieras a ti mismo, es mucho más probable que empieces a creerte merecedor de la recuperación.

Subraya cuáles de las siguientes afirmaciones te definen. Luego, pídele a un ser querido que indique cuáles cree él o ella que lo hacen. A continuación, compara ambas respuestas y dale las gracias por su ayuda.

Repite dichas afirmaciones positivas diariamente. Puedes escribirlas en una tarjeta para usarlas de referencia. Trabaja a diario para adquirir más de estas cualidades. Y, recuerda, el amor incondicional también es importante.

Soy necesario/a.

Soy valioso/a.

Soy lo suficientemente bueno/a.

Soy afectuoso/a.

Soy increíble.

Soy compasivo/a.

Soy empático/a.

Soy divertido/a.

Soy generoso/a.

Soy gentil.

Soy servicial.

Soy honesto/a.

Soy inspirador/a.

Soy amable con los demás.

Soy amable conmigo mismo/a.

Soy cariñoso/a.

Soy adorable.

Soy inteligente.

Soy desinteresado/a.

Soy optimista.

Me merezco que me pasen cosas buenas.

Me doy prioridad a mí mismo.

Cuido de mí mismo/a.

Disfruto de mi soledad.

Mis necesidades y deseos son válidos.

Mis sentimientos son válidos.

Me amo a mí mismo/a.

2

Encontrar la esperanza

Objetivos

La esperanza es desear algo bueno y creer que es posible. La esperanza no consiste en esperar a que suceda algo bueno, sino en actuar para hacer que suceda. Esta idea es crucial para alcanzar la recuperación.

No subestimes el poder de la esperanza. No la pierdas nunca, a pesar de los múltiples obstáculos a los que te hayas enfrentado y contra los que sigas luchando, ya sean años de esfuerzos fallidos, pérdidas constantes, discriminación o desmoralización. Recuerda que ya has superado dificultades en el pasado y puedes hacerlo otra vez, y encuentra esperanza en eso. Nunca renuncies a ella, ya que puede ser una fuente de inspiración, motivación y te ayudará a seguir adelante incluso durante los momentos más duros. Sin embargo, por más que intentes aferrarte a la esperanza, es posible que en ocasiones sientas que la has perdido: tienes que entender que esto es algo normal para todo el mundo. Recuerda que a menudo la esperanza puede estar dormida, esperando a que la despierten. Lo que quiero decir es que siempre está ahí, incluso si en un momento determinado eres incapaz de sentirla. Por lo tanto, puede volver en cualquier momento, a veces cuando menos te lo esperas.

Además, recuerda que la esperanza que necesitas no existe solo dentro de ti, sino que puede provenir de todo tipo de fuentes externas, como amigos, familiares, cuidadores, tus iguales (en especial de tus compañeros en el camino hacia la recuperación), animales o la fe. Contar con personas que te acepten, amen, apoyen, valoren y crean en ti puede ser una fuente de esperanza muy poderosa. Es importante que tu médico de cabecera pueda reforzar dicha esperanza a través de palabras de ánimo, transmitiéndote su confianza en tu capacidad para recuperarte o hablándote de un futuro en el que tu enfermedad no te limite. Creer que te mereces algo mejor y actuar como si lo merecieras es la base para la esperanza que te impulsará en tu camino hacia la recuperación. Acepta la esperanza. Permítele impulsarte y permítele acompañarte. Nunca pierdas la esperanza en la esperanza.

A veces la esperanza es algo difícil de encontrar y de hacer tuya, en especial porque esta suele combinar el pasado, con el presente y el futuro. En general, se encuentra al hallar fuerza y motivación en experiencias pasadas con tal de hacer frente a los obstáculos que se interponen entre tú y tus objetivos. Por ello, te será útil hacerte algunas preguntas esenciales sobre la esperanza y reflexiones sobre estas.

- ¿Cómo defines la esperanza?

....

....

....

....

- ¿Sientes que tienes esperanza?

....

....

....

....

- ¿Qué te hace sentir esperanza?

....

....

....

....

- ¿Qué te ha hecho sentir esperanza en el pasado?

....

....

....

....

- ¿Ha habido un momento en el que hayas perdido la esperanza? En ese caso, ¿cómo la has recuperado?

....

....

....

....

- ¿Hay algo que te impida tener esperanza ahora mismo? En ese caso, ¿cómo podrías superarlo?

....

....

....

....

- ¿Cómo podrías alimentar tu esperanza respecto al futuro?

....

....

....

....

3

Medir y nutrir la esperanza

Objetivos

La esperanza es algo bueno; recoge el poder y la resistencia del espíritu humano. Puede provenir de muchas fuentes: de uno mismo, del amor y el apoyo de amigos y familiares, del apoyo de tus iguales y de la comunidad.

Puede que sientas que, en ocasiones, tu familia y amigos no tienen esperanza en ti, pero probablemente sí la tengan.

También puedes hallar la esperanza en tus iguales, quienes, como tú, luchan por alcanzar la recuperación o en aquellos que ya la han alcanzado.

Quien se encarga de tu tratamiento también debería tener esperanza en ti. Si sientes que no la tiene, háblale de ello o plantéate buscar otro profesional de la salud.

La esperanza nos liberará de la enfermedad mental para dar paso a una vida plena y significativa. Puede hacer posible lo que parecía imposible y ayudarte a alcanzar la recuperación.

Es útil evaluar con regularidad cuánta esperanza sientes en el día a día para saber en qué punto estás en este sentido y puedas decidir cómo cultivar *más* esperanza en tu vida.

¿Cuál es tu nivel de esperanza? Responde a las siguientes afirmaciones con:

1- Sí. 2- A veces. 3- No.

Celebra los 1, trabaja en los 2 y esfuérzate más en los 3, teniendo en cuenta aquello que te pueden ayudar a ganar más esperanza en cada caso.

1. Me merezco una vida mejor.

2. Puedo ser feliz de nuevo.

3. Creo en la recuperación.

4. Sé que puedo alcanzar la recuperación.

5. Sé que alcanzaré la recuperación.

6. Estoy intentando tener esperanza.

7. Debería tener esperanza.

8. Estoy actuando de acuerdo a la esperanza que siento.

9. Tengo metas a corto plazo.

10. Tengo metas a largo plazo.

11. Soy amado/a y necesario/a.

12. Cuento con apoyo con tal de alcanzar la recuperación.

13. No me avergüenzo.

14. Rechazo el estigma.

15. Rechazo el estigma interno.

....

16. Soy fuerte y resistente.

....

17. Soy optimista.

....

18. Puedo superar los
    obstáculos del camino.

....

19. Sé que mi tratamiento
    funcionará.

....

20. Estoy haciendo todo lo que
    puedo para mejorar.

....

21. Tengo fe en que las cosas
    mejorarán.

....

4

Reconocer el estigma

Objetivos

Las conversaciones sobre salud mental suelen estar teñidas de un estigma muy dañino. El estigma externo más frecuente y perjudicial es el «estigma público», es decir, las opiniones negativas o discriminatorias que la sociedad tiene hacia las personas con trastornos mentales. Hay quien dice que damos miedo, somos débiles, perezosos, estúpidos, incapaces de aportar a la sociedad, impredecibles o que solo queremos llamar la atención. Incluso se dice que somos violentos. Todo esto puede ser doloroso en extremo e influir en cómo la gente y las instituciones nos tratan.

No es tarea fácil ignorar estos prejuicios. Es posible que te enfrentes a discriminación por parte de profesionales de la salud durante tu tratamiento, en el mundo laboral, a la hora de buscar vivienda y en el sistema judicial, entre otros. El estigma puede llevar a que alguien con un trastorno mental retrase o evite buscar tratamiento (Corrigan, 2004), lo que puede empeorar su condición y resultados a largo plazo. Sin embargo, es importante ser consciente de que existe la discriminación hacia nuestra comunidad, del mismo modo que existe hacia otras minorías. Es importante saber cuándo estás sufriendo dicha discriminación y cómo abordarla.

Por supuesto que existen formas legales de abordar la discriminación a nivel local, estatal y federal. Debemos plantearnos seriamente el hecho de quejarnos de manera formal por el trato injusto y discriminatorio que recibimos por parte de ciertas entidades.

Sucede algo distinto cuando el estigma proviene de personas individuales y no de instituciones. La situación cambia y el impacto en nuestra vida cotidiana también. El resultado puede ser que nos afecte profundamente y nos volvamos muy susceptibles ante ello, pero debemos saber que dichos prejuicios se basan en la ignorancia. Por ejemplo, aunque hay quien cree que las personas con trastornos mentales son violentas, lo que no saben es que en realidad tenemos más probabilidades de ser víctimas que perpetradores de delitos.

El estigma se basa, fundamentalmente, en mentiras. Mucha gente te estigmatizará sin siquiera ser consciente de ello, pero aun así puede ser doloroso. Si las acciones estigmatizantes de las personas que te importan te hieren, habla y házselo saber. Pídeles que traten de aclarar sus afirmaciones e intenta educarlos. Puedes decirles qué tipo de comentarios te resultan dolorosos y pedirles que los eviten. Si son comprensivos, te respetarán a ti y a tus inquietudes. Tienes que darles una oportunidad, ya que tampoco es bueno romper relaciones con quienes se preocupan por ti. No puedes permitir que el estigma acabe provocando este resultado.

Analiza tu experiencia y relación con el estigma social a través de las siguientes preguntas. Puedes escribir las respuestas para poder reevaluarlas más adelante.

- ¿Cuáles son los tipos de estigma más comunes que experimentas?

....

....

....

....

- ¿Hay personas importantes para ti que hacen comentarios estigmatizantes o actúan de manera estigmatizante hacia ti, sea, o no, de forma intencionada?

....

....

....

....

- ¿Cómo te hacen sentir sus comentarios o acciones? ¿Cómo podrían modular sus afirmaciones o acciones con tal de ayudarte?

....

....

....

....

Comparte tus observaciones con tus seres queridos de forma amable, en especial con quienes te estigmaticen de algún modo, y les darás la oportunidad de abordar cualquier comportamiento inapropiado o hiriente por su parte, de mejorar su relación contigo y de apoyarte en tu camino hacia la recuperación.

5

Reconocer el estigma interno

Objetivos

El impacto del estigma se amplifica cuando lo internalizamos. Se convierte en estigma interno en el momento en el que lo damos por válido.

Ritsher define cinco categorías de estigma interno:

1. **Alienación:** sentirte fuera de lugar, inferior, decepcionante o incomprendido.
2. **Aceptación de estereotipos:** aceptar estereotipos dañinos, por ejemplo, que las personas con trastornos mentales son violentas, no deberían casarse, no pueden tomar decisiones, no pueden contribuir a la sociedad o no pueden llevar una buena vida.
3. **Discriminación:** creer que estás siendo discriminado, tratado con condescendencia, ignorado o no te están tomado en serio, incluso cuando no hay razón aparente para pensar tal cosa.
4. **Aislamiento social:** sentir la necesidad de autoprotegerte mediante el autoaislamiento, lo que probablemente implique evitar acercarte a los demás, socializar o hablar sobre ti mismo.
5. **Estigma anticipado:** dar por sentado que vas a sufrir algún tipo de estigma (Ritsher *et al.*, 2003).

El impacto emocional del estigma internalizado o autoestigma a menudo es mayor que el de los síntomas de la enfermedad mental en sí misma, pues daña nuestra autoestima, eficacia y perspectiva de la vida, a veces hasta el punto de hacernos perder la esperanza de una mínima mejora. La vergüenza y la incomodidad nos pueden hacer reacios a buscar ayuda y a hablar sobre nuestra condición. También puede llevarnos al autosabotaje, porque damos por sentado que vamos a fracasar.

Darle vueltas a todo tipo de pensamientos negativos sobre el estigma internalizado es algo de lo más normal. Es posible que generalicemos basándonos en nuestras experiencias y que, si hemos sufrido tal estigma alguna vez, asumamos que quienes no nos lo provocan directamente también tengan opiniones similares sobre nosotros. Esto se conoce como estigma percibido y puede limitar nuestra comprensión y conocimiento y generar que el estigma interno se fortalezca. El estigma interno nos puede llevar incluso a distanciarnos de otras personas que padecen algún tipo de trastorno mental, lo que a su vez reduciría nuestra red de apoyo potencial.

Si no abordamos este problema, se puede convertir en un círculo vicioso que no haga más que empeorar, especialmente si tenemos otras dificultades añadidas. Por lo tanto, comprender y abordar el estigma interno es una parte esencial del proceso de sanación y recuperación del trastorno mental. Debes saber que el estigma es una mentira y que no es tu problema, sino el de quien te estigmatiza.

Puedes superar el estigma y el estigma interno a través del empoderamiento.

Responder a las siguientes preguntas puede ayudarte a identificar si estás sufriendo estigma interno:

- ¿Crees que algún estereotipo sobre tu trastorno mental de los que escuchas con frecuencia es cierto? En caso afirmativo, ¿cuál?

....

....

....

....

- ¿Te avergüenzas de tu trastorno mental?

....

....

....

....

- ¿Te sientes menos competente de lo que hacías antes de tu diagnóstico?

....

....

....

....

- En caso de que te estés aislando de los demás o evitando el contacto con la gente, ¿por qué lo estás haciendo?

....

....

....

....

Las siguientes preguntas pueden ayudarte a luchar contra el estigma interno:

- ¿Aquellos que no sufren ningún tipo de trastorno mental exhiben algunos de los estereotipos asociados a la enfermedad mental?

....

....

....

....

- ¿Puedes hacer algo para cambiar o controlar los comportamientos que asocias con tu trastorno?

....

....

....

....

- ¿A qué obstáculos has hecho frente en el pasado y qué habilidades te han ayudado a superarlos?

....

....

....

....

6

Valorar los roles sociales

Objetivos

El trastorno mental es parte de ti, pero no define *quién eres*. Asegúrate de recordarle esto a quien sugiera lo contrario, incluso si lo hace de forma inconsciente. Nadie debería olvidar que, en muchos aspectos, vivir con un trastorno mental grave no es diferente a vivir con una enfermedad física grave; nunca debes dejar que tu condición te defina.

Después de todo, cumples con un sinfín de roles importantes en tu vida, y todos aportan algo para que seas quién eres como amigo, pareja, pariente, estudiante, colega, miembro de la comunidad… la lista es interminable. Quizás hayas sentido que has perdido alguno o todos tus roles al ponerte enfermo y, si es así, es probable que anheles ser «tú» de nuevo. Por lo tanto, es importante reconocer que, en esencia, sigues siendo la misma persona. Eres tan importante como lo eras antes de tu enfermedad, si no más, dado que, a menudo, vivir con esta te permite entender mejor las luchas internas de los otros.

Es posible que, tras enfermar, te hayas «retirado» de algunos de tus antiguos roles por temor a que los distintos grupos sociales ya no te acepten pues has dejado de sentirte tú mismo. Tal vez ahora, que ya no tienes «éxito», te sientas como un impostor o que ya no puedes ser un buen amigo porque tienes una enfermedad mental, pero estás equivocado. Es probable que mucha gente te eche de menos, muchos más de los que te imaginas. Por lo tanto, es importante concederles el beneficio de la duda. La mayoría te aceptará tal como eres en lugar de esperar a que seas como tú crees que «deberías» ser.

A veces, es necesaria toda una comunidad para superar un trastorno mental. No tengas miedo de formar parte de ella. Aunque no te defina, siéntete orgulloso de tener un trastorno mental, pues vivir el día a día con él es un verdadero logro. Siéntete orgulloso de *todo* lo que eres.

Todos «desempeñamos» una amplia gama de roles en la vida que nos ayudan a formar nuestra identidad, ya sea como amigos, hermanos, padres, hijos, trabajadores, colegas, aficionados, responsables de un hogar, estudiantes, maestros, voluntarios, cuidadores, dueños de mascotas, practicantes de una religión, miembros de un grupo minoritario como comunidades raciales, étnicas o LGBTQ+, o cualquier otra cosa.

Es importante ser consciente de lo vital que estos roles sociales resultan para nosotros y saber que no tenemos que renunciar a ellos solo por el hecho de sufrir un trastorno mental.

- ¿Qué roles consideras más importantes en tu vida?

....

....

....

....

- ¿Qué puedes hacer para ser más activo en ellos mientras recorres el camino hacia la recuperación de tu salud mental?

....

....

....

....

- ¿Qué otros roles sociales te gustaría desempeñar?

....

....

....

....

7

Nutrir el sentido de identidad

Objetivos

Existen pruebas claras de que desarrollar o redescubrir el sentido de identidad puede mejorar en gran medida las posibilidades de recuperación de personas con trastornos mentales. Para lograrlo, es vital entender que tu enfermedad mental no te define, ser capaz de ver el abanico de posibilidades de la vida más allá de tu condición y adoptar un papel activo en la planificación de tu tratamiento.

El proceso de recuperación puede entenderse a través de cuatro etapas clave en la formación del «sentido de identidad»:

1. **Descubrir un «yo» más activo:** tomar conciencia de que eres capaz de actuar en tu propio interés.
2. **Hacer inventario del «yo»:** comenzar a reconocer tu nuevo o recién descubierto sentido de identidad y las posibilidades de cambio que este presenta como resultado de actuar en tu propio interés.
3. **Poner el «yo» en marcha:** trabajar en una confianza creciente respecto a tu sentido de identidad a través de la acción personal.
4. **Apelar al «yo»:** acceder a un sentido de identidad fortalecido como refugio ante el trastorno mental, lo que puede llegar a ser muy empoderador (Davidson *et al.*,1992).

Estas etapas se centran, en gran medida, en aceptar tu propio trastorno mental y en tener más control sobre su tratamiento. Esto puede implicar, por ejemplo, coordinar el trabajo de tu equipo —tu médico, terapeuta y otros acompañantes— para que el apoyo que recibas sea voluntario y bien recibido, en lugar de impuesto. El sentido de identidad que se genera a través de esta clase de control puede mejorar la aceptación y el compromiso por parte de aquellos que te acompañan durante el proceso. Es probable que esto, a su vez, mejore tu relación con quienes te apoyan y el resultado de tu recuperación.

Reflexiona sobre las cuatro etapas del «sentido de identidad» y utiliza las siguientes indicaciones para ayudarte a descubrir cómo podrías nutrir y desarrollar tu propio sentido de identidad en el futuro.

- ¿En cuál de las cuatro etapas del «sentido de identidad» dirías que te encuentras?

....

....

....

....

- ¿Qué podrías hacer para pasar a la siguiente etapa?

....

....

....

....

- A estas alturas, ya deberías saber que tu trastorno mental no te define. Tómate un poco de tiempo para pensar en aquello que sientes que sí te define.

....

....

....

....

PLANES DE VIDA

8

Conocer el sentido y el propósito de tu vida

Objetivos

Darle sentido y propósito a la vida es fundamental para ser feliz y estar sano. La mayoría de la gente sabe qué es lo que no les hace felices, como una carrera profesional poco satisfactoria o relaciones personales negativas, lo que también puede acabar contribuyendo a desarrollar un trastorno mental. Por otro lado, les es difícil identificar qué es lo que sí les hace felices —o más felices respecto a su estado actual. A veces, las opiniones de los demás —como amigos, familiares, miembros de la comunidad o la sociedad en general— sobre lo que debería hacernos felices pueden influenciarnos, pero es posible que dichos puntos de vista estén afectados por el estigma y otros sesgos, por lo que es importante descubrir, por nosotros mismos, qué le da significado a nuestra vida.

Puedes comenzar por identificar los valores fundamentales que te definen, enumerados por el Instituto VIA (VIA Institute, s.f.), que se «dedica a la ciencia de las fortalezas del carácter». Los valores fundamentales que presentan son:

1. **Sabiduría:** lo que incluye creatividad, curiosidad, buen juicio, amor por el aprendizaje y sentido de la perspectiva.
2. **Osadía:** lo que incluye valentía, honestidad, perseverancia y entusiasmo.
3. **Humanidad:** lo que incluye bondad, amor e inteligencia social.
4. **Justicia:** lo que incluye imparcialidad, liderazgo y trabajo en equipo.
5. **Templanza:** lo que incluye saber perdonar, humildad, prudencia y autocontrol.
6. **Trascendencia:** lo que incluye apreciación de la belleza y la excelencia, gratitud, esperanza, sentido del humor y espiritualidad.

Tomarte tiempo para evaluar la importancia de cada uno de estos aspectos para ti puede ayudarte a definir el sentido y el propósito de tu vida. En este proceso de autorreflexión y autodescubrimiento, es importante buscar un equilibrio entre los valores más importantes para ti, identificando e implementando actividades diarias que te ayuden a cumplirlos.

Ser feliz puede ser difícil si sientes que vives la vida de otra persona, y eso quizás afecte tu motivación para mejorar. Por otro lado, es mucho más probable que te sientas revitalizado y motivado cuando haces lo que tú crees que es mejor. No te sientas culpable por decepcionar a los demás. Es tu vida. Descubrir su sentido y propósito puede ayudarte a aceptar por completo las posibilidades de vivir una vida en recuperación.

El famoso psicólogo alemán Erich Fromm definió el sentido y el propósito en la vida como «cuidar de alguien o algo, ser activo y creativo en el desarrollo de la propia vida, formar parte de un hogar o comunidad, identificarse como un individuo independiente, llevar una vida auténtica y tener una vida ordenada» (Fromm, 1956).

Tómate tu tiempo para identificar y escribir tu propia definición de sentido y propósito —en la línea de lo sugerido en los objetivos, pero con actividades y formas de ser que encajen contigo. Hacerte las siguientes preguntas te puede ser de ayuda:

* ¿Cuáles son tus valores fundamentales?

....

....

....

* ¿Cuáles dirías que eran el sentido y el propósito de tu vida antes de enfermar? Aunque nunca te hayas parado a pensar en ello, piensa en lo que te hacía sentir más satisfecho y realizado. Es importante no perder de vista dichas cosas.

....

....

....

* ¿Qué cualidades, actividades, formas de ser, personas, lugares o cualquier otra cosa te hace sentir más satisfecho y realizado ahora? ¿Cómo podrías incorporar más de eso en tu vida diaria?

....

....

....

9

Establecer objetivos vitales

Objetivos

Los objetivos vitales te permiten poner el sentido y propósito de tu vida en acción y son fundamentales para alcanzar la recuperación. Piensa qué puede hacer que te levantes de la cama cada día y estarás más cerca de identificar objetivos significativos para ti mismo. Puede que imaginar esa positividad y motivación ahora mismo sea difícil, pero no te preocupes, lo más normal es que esta clase de cosas te resulten difíciles cuando estás enfermo.

Para la mayoría de gente con trastornos mentales los objetivos suelen ser estar lo mejor posible durante el tratamiento, cumplir una pauta de autocuidado, tener un trabajo satisfactorio y cultivar relaciones sanas. Asegúrate de recibir el mejor tratamiento profesional posible, cuidarte bien y perseguir una carrera que creas que te hará feliz, y no te sientas mal si decides hacer algo que tus seres queridos o la sociedad en general parecen no aprobar. Asegúrate de buscar relaciones personales genuinas y de confianza pues las personas con trastornos mentales precisamos de conexiones más profundas de las que podríamos experimentar en relaciones casuales. Y sí, puedes tener tales conexiones genuinas, incluso con tus problemas de salud mental. Puedes tener parejas estables e hijos si así lo deseas. Solo tú determinas tus objetivos de vida. En eso consiste la autodeterminación, y es clave para alcanzar la recuperación.

No des por buenas las bajas expectativas de los demás, pues pueden llevarte a dejar de perseguir ciertos objetivos por miedo a no ser capaz de manejar el estrés. Entiende los riesgos de la inacción y también los riesgos potenciales de perseguir todos tus objetivos a la vez y elabora un plan en consecuencia. Por ejemplo, si tienes miedo de sentirte abrumado, trata de cumplir un solo objetivo antes de pasar al siguiente y haz que estos se adapten a las circunstancias cambiantes que definen tu día a día. Ten en cuenta los factores que pueden jugar a tu favor, así como los que te van a impedir alcanzar tus objetivos. No dejes que tu trastorno mental te frene.

Nunca es demasiado tarde para perseguir tus objetivos, ni para cumplir tus sueños. Conocer tus objetivos y entusiasmarte por hacerlos realidad es la mayor motivación que tendrás para alcanzar la recuperación, así que merece la pena dedicar tiempo a establecerlos y aceptarlos. A veces, el mayor obstáculo con el que te toparás es cómo te sientes contigo mismo.

Ahora que sabes que perseguir objetivos vitales positivos puede tener un papel fundamental para una vida más feliz y saludable, entenderás lo importante que es dedicar tiempo a establecer tus propias metas y tratar de empezar a «vivirlas». Las siguientes preguntas pueden serte útiles en ese sentido:

- ¿Cuáles dirías que eran tus tres objetivos vitales principales antes de enfermar? Aunque nunca te hayas parado a definirlo específicamente, piensa en qué era lo más importante para ti y hacia qué te sentías atraído en general.

....

....

- ¿Cuáles son tus tres objetivos vitales principales ahora? Piensa en ellos y luego visualízate alcanzándolos y viviéndolos.

....

....

- Para cada uno de los objetivos actuales, identifica:

    1. ¿Cuál es el primer o siguiente paso necesario para lograrlo?

....

....

    2. ¿Cuáles son los riesgos potenciales a los que me expongo y cómo puedo prepararme ante estos?

....

....

    3. ¿Quién puede ayudarme a avanzar hacia estos objetivos?

....

....

10

Volver a estudiar

Objetivos

Los estudiantes de secundaria o universitarios con trastornos mentales suelen experimentar dificultades a la hora de finalizar sus estudios. Pero, aunque tengas que dejarlos o darte de baja, siempre existe la posibilidad de retomar tus estudios. Nunca eres demasiado viejo para lograr tus metas académicas, incluso si te has quedado un poco atrás respecto a tus amigos. No hay de qué avergonzarse.

Tener un trastorno mental puede hacer que hacerle frente al estrés académico sea difícil, así como lidiar con la presión, las dudas sobre qué carrera elegir, las preocupaciones financieras y los problemas respecto a las relaciones personales. Todo esto puede llegar a desencadenar o empeorar condiciones como la ansiedad o la depresión. Muchos estudiantes tienen miedo de pedir ayuda y, como consecuencia, experimentan soledad, aislamiento y falta de apoyo fundamental.

Sin embargo, hoy en día, institutos y universidades suelen ofrecen una variedad de recursos útiles para ayudar a los estudiantes a abordar dichas dificultades. Por ejemplo, una oficina de orientación universitaria puede derivar a los estudiantes que lo necesiten para que obtengan apoyo emocional, y los clubes y organizaciones del campus pueden ayudar a combatir la soledad. Una oficina especializada en discapacidades puede proponer una serie de alternativas válidas según la ley vigente (en EE. UU. *Americans with Disablities Act* 1990, y *Rehabilitation Act* 1973), así como más tiempo para completar trabajos y asesoramiento sobre si una baja médica es algo aconsejable en tu caso. Aunque las bajas, en comparación a dejar tus estudios, pueden facilitar tu reincorporación una vez recuperado, hay muchos aspectos a tener en cuenta, como el punto en el que el curso se encuentre cuando te reincorpores, o el pago de matrículas o becas estudiantiles, por lo que es importante contar con orientación en este sentido.

Una oficina de ayuda económica también puede proporcionar asistencia en caso de que sea necesario. Los programas de acompañamiento y apoyo escolar como el fundado por la organización Clubhouse International pueden resultar útiles.

Los programas gratuitos de educación para adultos te pueden servir para desarrollar habilidades básicas u obtener titulaciones necesarias, como pruebas y exámenes estandarizados. Asimismo, puedes averiguar qué servicios están disponibles en tu oficina de rehabilitación profesional local. Tener un título puede contribuir a mejorar tus oportunidades laborales y potencial de ingresos. No renuncies a los objetivos académicos que tenías antes de enfermar; mucha gente que convive con trastornos mentales tiene un título universitario y tú también puedes tenerlo.

Es muy importante que no dejes que tus problemas de salud mental te hagan creer que no eres capaz o digno de alcanzar logros académicos. Por lo tanto, dedicar algo de tiempo a explorar lo que realmente deseas en este sentido puede tener un valor incalculable.

- ¿Cuáles eran tus metas académicas antes de enfermar y cuáles son ahora?

....

....

....

- Si alcanzaras tus metas académicas actuales, ¿cómo te ayudaría eso a perseguir tus objetivos vitales actuales?

....

....

....

- Si abandonaste los estudios o te diste de baja debido a tu enfermedad, ¿te gustaría volver a estudiar?

....

....

....

- Si aún estás en la escuela o en la universidad, ¿estás aprovechando al máximo los recursos disponibles para afrontar la posible problemática que tu trastorno mental puede acarrear? ¿Hay alguien entre el personal escolar o administrativo que pueda ayudarte a acceder a dichos recursos?

....

....

....

11

Buscar trabajo

Objetivos

En el caso de la gente con trastornos mentales, tener un empleo que te haga sentirte realizado suele ser uno de los objetivos principales para llegar a un estado de recuperación y mantenerlo. Por lo tanto, es importante subrayar, desde ya, que puedes formar parte del mundo laboral. Por lo general, la gente con trastornos mentales son personas ambiciosas, motivadas, inteligentes, capaces de sobrellevar el estrés y, contrariamente a lo que el estigma sugiere, la mayoría no están «demasiado enfermos» como para poder trabajar.

El mayor reto para que quienes conviven con un trastorno mental a la hora de trabajar en el campo que desean suele ser el estigma y la duda que ellos mismos se generan. Hay muchos factores que contribuyen a dichos pensamientos negativos, entre ellos, las altas tasas de desempleo entre gente con trastornos mentales, las altas tasas de abandono escolar, la reticencia a retomar los estudios, la falta de confianza en general y la presunción de que conseguir empleo simplemente no es una posibilidad. Sin embargo, a pesar de estos obstáculos, muchos consiguen trabajos satisfactorios. A veces se trata de evaluar opciones de carrera diferentes, asegurarte de poder priorizar tu salud mental y desarrollar estrategias para afrontar y lidiar con el estrés laboral.

Un buen primer paso es pensar con detenimiento en tus intereses. *¿De qué color es tu paracaídas?* de Richard Nelson Bolles (Bolles *et al.*, 1970) es un gran libro que te puede resultar de ayuda en este sentido. La oficina de rehabilitación laboral de tu localidad también podría ayudarte. Incluso podrías considerar una carrera como Especialista certificado en apoyo entre iguales, donde podrás poner en práctica tu experiencia en problemas de salud mental.

También existen leyes y programas que pueden ayudar a gente con trastornos mentales a conseguir y conservar un trabajo apropiado para las circunstancias de cada uno. Quizás existan leyes locales que exijan a los empleadores ofrecer «instalaciones adecuadas» para facilitar el trabajo a discapacitados (en EE. UU. *Americans with Disabilities Act*, 1990, s. f.). Por ejemplo: tiempo para asistir a citas médicas o un espacio de trabajo relajado. Una vez *has conseguido* un trabajo, es mejor mantener una relación abierta con tu superior con tal de que pueda brindarte ayuda desde un primer momento, en caso de que la necesites.

Tener una vida laboral que se precie es algo importante para todo el mundo, así que nunca abandones tu sueño de tener un trabajo que te haga sentir realizado, porque *es* posible.

¿Cuáles son tus objetivos laborales actuales? ¿Qué pasos puedes dar para cumplir dichos objetivos?

....

....

....

....

....

Si deseas buscar empleo, aquí tienes algunas opciones a tener en cuenta:

1. Pide ayuda a amigos y acompañantes en tu camino hacia la recuperación. Incluso podrías buscar un mentor.
2. Hacer voluntariados puede ser una manera excelente de desarrollar ciertas habilidades, ganar confianza y conseguir referencias que te ayudarán a la hora de buscar trabajo. Hacerlo en organizaciones que ayudan a comunidades desatendidas o en riesgo también te ayudaría respecto a encontrar sentido y propósito en tu vida.
3. Plantéate la posibilidad de convertirte en Especialista certificado en apoyo entre iguales para ayudar a otras personas con trastornos mentales durante su recuperación.
4. Los programas de Empleo y de Tratamiento comunitario locales pueden ayudarte en la búsqueda de trabajo. Consulta las ofertas que tienes a tu alrededor.
5. Conoce tus derechos laborales como persona con problemas de salud mental. Por ejemplo, como ya he mencionado, la ley de «estadounidenses con discapacidades» puede requerir que los empleadores proporcionen «instalaciones adecuadas» para facilitar nuestro trabajo.

12

Beneficio de las prácticas basadas en la evidencia

Objetivos

Varios estudios científicos han probado la eficacia de los programas basados en la evidencia (PBE), y existen programas diseñados específicamente para ayudar a quienes conviven con enfermedades mentales a alcanzar sus objetivos. Algunos ejemplos clave serían la educación con apoyo, el empleo con apoyo y la vivienda de apoyo permanente (SAMHSA, s.f.).

El apoyo educativo ayuda a personas con trastornos mentales a retomar sus estudios a través de iniciativas educativas y de formación. Es individualizado y se basa en las preferencias, habilidades y experiencias de cada uno.

El empleo con apoyo ayuda a encontrar y conservar trabajos que te hagan sentir realizado en tu comunidad. El Apoyo individualizado al empleo (IPS por sus siglas en inglés), por ejemplo, te ayuda a elegir, conseguir y conservar un empleo competitivo a la vez que recibes apoyo individualizado a largo plazo.

La vivienda de apoyo permanente ayuda a conseguir y conservar un alojamiento propio, seguro, asequible e integrado en la comunidad.

Todos estos programas se basan en la elección personal y en la recuperación. Los Clubhouses o los centros comunitarios de salud conductual en general pueden ayudarte a acceder a estos programas. Sin embargo, estos suelen ser escasos y se necesitan muchos más de los existentes.

Otros dos PBE útiles son el Tratamiento integrado para trastornos concurrentes y la Psicoeducación familiar (SAMHSA, s.f.). En un tratamiento integrado, las personas con trastornos mentales pueden recibir tratamiento por consumo de sustancias y problemas de salud mental al mismo tiempo. La psicoeducación familiar ayuda a trabajar mejor con la familia, ofreciendo a las personas con trastornos mentales y a sus familiares información valiosa, ayudándolos a construir apoyos sociales y a mejorar la capacidad de resolución de problemas, de comunicación y de superación. En algunos aspectos, es similar a la terapia familiar, a la que mucha gente recurre.

En resumen, hay muchos programas disponibles que pueden ayudarte a ti y a tus compañeros en vuestro camino hacia la recuperación. Así que asegúrate de investigar y buscar tanta ayuda como te sea posible. No te resignes a creer que nada te funciona si no has considerado todas las opciones.

- ¿Qué apoyos adicionales crees que te podrían servir a la hora de cumplir tus objetivos?

....

....

....

....

- ¿Un ser querido, acompañante o profesional sanitario podría ayudarte a acceder a los programas basados en la evidencia disponibles a tu alrededor?

....

....

....

....

- ¿Qué te impide acceder a dichos programas?

....

....

....

....

13

Manejar tus finanzas

Objetivos

No es para nada inusual que la gente que sufre trastornos mentales tenga problemas financieros de vez en cuando. No te avergüences de tu situación, pues eso puede afectar tu salud mental y acabar siendo uno de los principales obstáculos para tu bienestar económico. Mucha gente pasa por momentos difíciles a nivel financiero, y estos tienen solución. A veces, esa misma gente no puede trabajar debido a su enfermedad o se muestra reacia a hacerlo por temor a perder sus ayudas económicas. Sin embargo, tener dinero para satisfacer tus necesidades básicas u otras cosas que hacen la vida un poco más agradable es vital para la salud mental.

Hay quienes cuentan con ahorros, ayuda familiar o préstamos; otros tienen la suerte de recibir ingresos periódicos de sus empleos de media jornada o jornada completa. Si tenías un trabajo antes de enfermar, averigua si tu seguro ofrece cobertura por discapacidad a corto o largo plazo. Más adelante, cuanto te encuentres bien y puedas trabajar, es prudente ahorrar parte de tus ingresos en caso de que no puedas hacerlo en el futuro; hacerlo eliminará parte del miedo y la incertidumbre sobre lo que podría pasar en caso de recaer y no poder seguir trabajando.

Mientras te pones en marcha a la hora de cuidar tu salud financiera y bienestar personal, ten en cuenta los siguientes objetivos. Hay muchos recursos públicos y privados disponibles que te pueden ayudar a llevarlos adelante, entre ellos, organizaciones y comunidades sin ánimo de lucro, agencias gubernamentales, trabajadores sociales y asesores financieros.

- **Seguridad financiera:** busca generar ingresos y administrar tus gastos con tal de tener un estilo de vida satisfactorio dentro de tus posibilidades. Ahorra e invierte para afrontar tus necesidades, tanto previstas como imprevistas.

- **Independencia financiera:** busca administrar y emplear tus recursos financieros según tus objetivos y valores personales. Sé capaz de mantenerte sin depender demasiado de otros a fin de lograr estos objetivos.

- **Compromiso financiero:** busca contribuir en causas y en tu comunidad con tal de ayudar a otros y nutrir tu sentido de valor personal.

Estudia los recursos con los que cuentas y los obstáculos para alcanzar estos objetivos. Puedes plantearte recurrir a ayudas gubernamentales hasta que tengas suficientes recursos como para satisfacer tus necesidades, a corto o a largo plazo. Sin embargo, no todo el mundo es consciente de a qué ayudas tienen derecho y los procesos de inscripción para estas suelen ser complejos, así que es importante que te informes al respecto.

Las ayudas gubernamentales más importantes en Estados Unidos son la Seguridad de Ingreso Suplementario y el Seguro por incapacidad del Seguro Social (SSI y SSDI por sus siglas respectivas en inglés), asistencias médicas Medicaid y Medicare, las ayudas del Departamento de Asuntos de los Veteranos, los cupones de alimentos y los programas de vivienda pública. Algunos programan permiten cierto límite de ingresos (normalmente provenientes de trabajos media jornada) sin dejar de optar a ayudas médicas en su totalidad. Comprueba si tu seguro incluye cobertura para discapacidad a corto y largo plazo y ten presente que, si solicitas asistencia, necesitarás pruebas médicas al cumplimentar tu solicitud, la cual deberás completar con esmero —existen lugares como centros comunitarios de salud conductual donde pueden ayudarte con ello. Algunas organizaciones sin ánimo de lucro también ofrecen ese tipo de asistencia.

Infórmate acerca de los recursos disponibles en tu comunidad y tenlos en cuenta si necesitas ayuda. No te sientas mal por reclamar estas ayudas: es muy difícil estar bien si no cuentas con los recursos financieros necesarios y no deberías sentirte culpable por aceptar una ayuda a la que tienes derecho.

Tener una buena organización de tus ahorros es importante para mantener tu salud financiera. Según la regla «50/30/20» (Warren *et al.*, 2005), tienes que intentar gastar menos del cincuenta por ciento de tus ingresos netos en necesidades, alrededor del treinta por ciento en deseos y ahorrar el veinte por ciento restante.

Las necesidades incluirían vivienda, servicios públicos como agua, luz o gas, atención médica, transporte, seguro, alimentos y ropa.

Los deseos serían todo lo demás: televisión por cable, telefonía móvil, peluquería, clases de natación, alimento para perros, beneficencia, libros, vacaciones, y demás.

El ahorro también podría incluir fondos de pensiones, ahorros para emergencias y pago de deudas.

Lo ideal es priorizar siempre tus gastos de acuerdo a tus necesidades básicas y una vez hecho esto, pasar a todo lo demás. También es esencial priorizar y planificar los pagos programados en gastos como préstamos, vivienda, servicios públicos u otros recurrentes.

Algunas maneras de reducir otro tipo de gastos pueden ser los programas de descuentos en medicamentos, descuentos disponibles para personas con discapacidades, planes de financiación, como aplazamientos y programas de liquidación de deudas.

No es malo recurrir a tus ahorros de vez en cuando, pero intenta limitarlo. Todos necesitamos ahorrar para cuando lleguen las vacas flacas, y es probable que saber que tienes esos fondos extra «por si acaso» te brinde una gran tranquilidad y ayude a tu salud mental en general.

- A continuación, nombra tres deseos y tres necesidades.

Deseos:

1.
....

2.
....

3.
....

Necesidades:

1.
....

2.
....

3.
....

14

Conocer a tus vecinos

Objetivos

El lugar en el que vives tiene un efecto sobre tu salud mental. Un barrio puede mostrar muchas características propicias para una buena salud mental, aunque obviamente ello va de la mano de factores financieros u otros.

Aprenderás mucho sobre un vecindario simplemente paseando por este y hablando con sus residentes. Aquellas comunidades más favorables para ti y para tu familia serán las que ofrezcan atención médica accesible y asequible, buenas escuelas, oportunidades de empleo de calidad, vivienda digna, guarderías, e, idealmente, una buena oferta de servicios, como mercados de abastos y mercadillos.

Socializar e integrarte en la comunidad también es muy importante. Poder pasar tiempo con tus compañeros en el camino hacia la recuperación está muy bien, pero también debes conocer y pasar tiempo con otras personas que podrían ayudarte a darte cuenta de tu riqueza interior. Si estar cerca de tu familia u otros seres queridos es factible en tu caso, no dejes de contar con su apoyo emocional cuando lo necesites. Los servicios públicos, incluidas las bibliotecas, lugares de culto y centros comunitarios, también pueden ayudarte a combatir la soledad y ofrecerte oportunidades de autocuidado, exactamente igual que los Clubhouses, si hay alguno en tu zona.

Las instalaciones como espacios verdes y zonas peatonales pueden animarte a hacer ejercicio; la disponibilidad de alimentos saludables en tiendas y mercados de abastos o semanales te ayudarán a mejorar tu dieta. Contar con buen servicio de transporte público y un lugar de trabajo cercano te permitirá desplazarte con más facilidad. Además, los bajos índices de criminalidad de una zona aumentan su seguridad y reducen los niveles de estrés al proporcionarte sensación de paz y tranquilidad.

Todos estos factores se denominan «determinantes sociales» de la salud mental. Todos tienen un efecto en tu salud mental y física y por eso es importante tenerlos en cuenta. No puedes separar quién eres de dónde vives, así que echa un vistazo a tu alrededor. ¿Estás viviendo en el mejor barrio para ti? Si no es así, tal vez te podrías plantear mudarte si tus posibilidades te lo permiten. Y, si te lo estás planteando, asegúrate de investigar todas tus opciones concienzudamente teniendo en cuenta todos los factores mencionados.

Sal a dar un paseo para conocer tu barrio y haz una lista de:

• Actividades y lugares que pueden ayudarte a controlar tu salud mental.

....

....

....

....

• Actividades y lugares que te interesen y sobre los que te gustaría aprender más.

....

....

....

....

Cuando hayas terminado, planea tus visitas a dichos lugares.

Si tu presupuesto lo permite, piensa en hacer excursiones que vayan a tener un efecto positivo en tu salud mental, ya sea mediante transporte público, bicicleta o automóvil. ¿Qué lugar hay cerca de tu barrio donde puedas ir con cierta facilidad y crees que te pueda ayudar a mejorar tu salud mental y mantenerte en el camino hacia la recuperación?

EL VIAJE

15

Antes de empezar

Objetivos

Los trastornos mentales pueden pasar desapercibidos y no ser diagnosticados durante mucho tiempo, ya que mucha gente desconoce los síntomas que no se deben dejar pasar desde el momento de su aparición. Un gran porcentaje de gente no recibe tratamiento debido al estigma, la ignorancia y la desinformación; es frecuente que pasen hasta diez años desde el inicio de los síntomas hasta la aplicación de un tratamiento. Si en tu caso te ha llevado tanto tiempo, no te sientas mal. No estás solo.

Los problemas de salud mental pueden aparecer de forma gradual o repentina. Mucha gente atribuye sus síntomas a factores de estrés momentáneos, que considera normales y asume que pasarán; otros solo buscarán ayuda cuando sus síntomas empiecen a interferir con su vida diaria; y otros pueden experimentar episodios severos, que, en algunos casos, requieren hospitalización.

El diagnóstico puede provocar angustia, por lo que muchos lo niegan y esperan a que todo pase. Quienes adoptan este enfoque, a veces rechazan cualquier tipo de tratamiento, lo que puede empeorar su condición y hacerla más difícil de tratar. Las reacciones más comunes ante un diagnóstico incluyen conmoción, confusión, autodiscriminación, negación, desesperación, pérdida de la esperanza, depresión, duelo e ira. Es posible que hayas rechazado aceptar tu tratamiento, lo hayas incumplido durante años o hayas sufrido múltiples recaídas. Sin embargo, ahora es el momento de aceptar el tratamiento y hacer lo mejor para ti.

Mucha gente teme haber llegado a un punto en el que cumplir sus objetivos vitales es imposible y se lamentan de su identidad «perdida»: esa persona que tanto ellos como sus seres queridos pensaban que podía ser antes de enfermar. Si tú o tus seres queridos ya no miráis al futuro con optimismo, es posible que te estés condicionando a esperar siempre lo peor.

Por todas estas razones, la baja autoestima, tener un mal concepto de uno mismo y la desmoralización paralizante resultan reacciones frecuentes. Incluso después de haber empezado el tratamiento, estos sentimientos pueden durar años y retrasar significativamente el inicio de tu camino, pero es vital saber que la recuperación es posible, a pesar del tiempo que hayas estado enfermo. Los primeros pasos del camino siempre suelen ser los más difíciles.

- En tu caso, ¿qué ha supuesto recibir un diagnóstico?

....

....

....

- ¿Aceptas tu diagnóstico?

....

....

....

- ¿Qué has hecho a fin de afrontar tu diagnóstico?

....

....

....

- ¿Recibes tratamiento?

....

....

....

- ¿Qué partes de tu vida han cambiado debido al diagnóstico y al tratamiento, si es que ha cambiado algo?

....

....

....

16

Depende de ti

Objetivos

La recuperación no es algo que puedas ingerir como una simple pastilla, ni algo que otro pueda hacer por ti. ¡Depende enteramente de ti mismo! Debes asumir la responsabilidad de sobrellevar tu enfermedad, pues eres el único que puede hacer el trabajo duro. Puede que a veces te falte motivación, pero tendrás que buscar en tu interior hasta encontrarla. Ser disciplinado puede ser de gran ayuda cuando te cueste hallar motivación. En ocasiones sentirás que quieres rendirte y tal vez lo hagas temporalmente. Sin embargo, si quieres alcanzar la recuperación, tienes que volver a poner tu «yo» en el centro del tablero. La esperanza que da inicio a tu camino puede amplificar el potencial de tu «yo», así como la autoestima, la autodeterminación y la capacidad de hacerte valer, todas ellas esenciales para alcanzar la recuperación.

La autoestima se define como la manera en la que te sientes contigo mismo, en términos positivos o negativos, y a menudo se demuestra a través de tus acciones. ¿Te tratas tan bien como tratas a tus amigos en los buenos y malos momentos? Si no es así, tal vez te falte autoestima y necesites aprender a verte de una manera más positiva, reconociendo que te mereces algo mejor en la vida.

La autodeterminación significa tener el deseo de lograr todo lo que quieras en tu vida y hacer lo necesario para llegar a ese punto. Otras personas pueden ofrecerte apoyo y orientación, pero debes ser tú quien tome las decisiones clave. Conoces tus deseos y necesidades mejor que nadie y cumplirlos supone la mayor motivación posible para mejorar.

La capacidad de hacerte valer significa tomar la palabra y asegurarte que la gente es consciente de tus deseos y necesidades, así como hacerles saber que no los están respetando, si es el caso. Ello puede ser intimidante, y existe la posibilidad de perder amigos al amonestarlos por su comportamiento. Tomar la palabra requiere una gran dosis de coraje, y lo vas a encontrar en tu interior; es difícil respetarnos a nosotros mismos si dejamos que otros nos falten el respeto.

A continuación, enumeraré algunas afirmaciones de la Escala de autoestima de Rosenberg (Rosenberg, 1965) para ayudarte a reflexionar sobre la tuya. ¿Estás de acuerdo o en desacuerdo con cada una de ellas? Charlar con un terapeuta sobre tus respuestas puede ser de utilidad.

- Siento que valgo como persona, por lo menos, en igual medida que los demás.

- Siento que tengo cualidades positivas.

- Por lo general tiendo a pensar que soy un fracasado/a.

- Puedo hacer las cosas tan bien como la mayoría de la gente.

- Siento que no tengo mucho de qué enorgullecerme.

- Tengo una actitud positiva hacia mí mismo/a.

- En general, estoy satisfecho conmigo mismo/a.

- Me gustaría sentir más respeto hacia mí mismo/a.

- En ocasiones me siento un poco inútil.

- A veces pienso que no sirvo para nada.

17

Empezar a andar

Objetivos

El camino hacia la recuperación suele empezar con la aceptación de tu enfermedad y la necesidad de ayuda. Aunque el estigma y el miedo puedan interponerse, es mejor contar con ayuda más pronto que tarde. Aceptar tu enfermedad y superar el miedo es crucial. Otro gran paso es aceptar el tratamiento médico y, en muchos casos, reconocer que quizás tengas que medicarte, puede que durante el resto de tu vida.

Todos queremos que nuestro trastorno mental desaparezca, pero es probable que no lo haga y eso es algo que tenemos que interiorizar. El camino hacia la recuperación no va de huir de tu enfermedad, sino de caminar con ella. El inicio de un viaje (y cualquier reinicio que tengas que hacer en el camino) es la parte más difícil, pues la inercia puede provocar que dar el primer paso sea particularmente difícil y que la recuperación parezca imposible, pero con el poder de la esperanza, puedes lograrlo.

La incertidumbre y el hecho de no saber qué te encontrarás en el camino tal vez te hagan sentir incómodo, asustado e incluso paralizado, así que debes acostumbrarte a la incomodidad, el miedo y la ansiedad. Son sentimientos comunes al inicio del camino y continuarán siéndolo a lo largo del proceso, pero afrontar estos miedos te va a hacer más fuerte. Recuerda que ya has logrado cosas difíciles en el pasado y que puedes hacerlo de nuevo. La enfermedad mental no borra tus triunfos anteriores.

Anticipar un fracaso o ser pesimista te ralentizará, así que evítalo siempre que puedas, pero prepárate para hacer frente a mucho desafíos y decepciones. Quizás las cosas no salgan como deseas la primera, segunda o incluso tercera vez que emprendas este camino, pero debes seguir intentándolo. Nunca te rindas. Tarde o temprano, las cosas buenas acaban llegando para quienes trabajan duro, y asumir un riesgo puede acabar siendo muy gratificante. Encuentra el valor en tu interior y deja que tus acompañantes en el camino te animen. Hazlo por ti y por ellos. Recuerda que nunca habrá un momento perfecto para empezar y que no puedes esperar hasta que te sientas mejor. No tienes nada que perder y todo por ganar. Tu recuperación te espera.

Evalúa tu disposición hacia el cambio positivo y empieza a caminar hacia él; existen diversas herramientas y estrategias para ayudarte a dar el primer paso.

A continuación, te muestro dos modelos que te ayudarán a evaluar tu disposición hacia el cambio positivo, o si, quizás, ya estás en proceso de adoptar dicho cambio. Trata de establecer en qué etapa te encuentras en cada uno de ellos. Después, piensa en qué puedes hacer para pasar a la siguiente fase. Esto puede implicar la adquisición de conocimientos nuevos, el aprendizaje de habilidades y recibir ayuda externa. Plantéate qué recursos podrían serte útiles, incluyendo a compañeros en tu camino hacia la recuperación y a profesionales de la salud.

Asegúrate de avanzar con cautela, a paso lento si es necesario. Nadie alcanza la recuperación a toda prisa.

DARN-CAT

El mero hecho de hablar del cambio puede ayudar a encontrar motivación. El acrónimo en inglés DARN-CAT (Miller *et al.*, 2013) aborda dicho discurso del cambio. Sus iniciales significan[1]:

- **D**eseo.
- **C**apacidad.
- **R**azón.
- **N**ecesidad.
- **C**ompromiso.
- **A**ctivación.
- **P**rimeros pasos.

Aplica cada uno a tu situación personal y reflexiona al respecto.

---

1. Por sus siglas en inglés (Desire, Ability, Reason, Need, Commitment, Activation, Taking steps).

Las cinco etapas del cambio

Otra herramienta popular para evaluar tu disposición hacia el cambio es el modelo de las cinco etapas del cambio (Prochaska *et al.*, 1983). Estas son:

1. **«Precontemplación»:** no eres siquiera consciente de la existencia de la recuperación.
2. **Contemplación:** quieres alcanzar la recuperación, pero no sabes cómo.
3. **Preparación:** quieres recuperarte y has tomado algunas medidas iniciales para hacerlo, como hablar con tu médico sobre un cambio en tu medicación.
4. **Acción:** sabes que puedes cambiar, por lo que has estado actuando en consecuencia durante un tiempo. Te has estado tomando la medicación acorde a tu nuevo tratamiento y durante los últimos seis meses llevas una vida más activa.
5. **Mantenimiento:** trabajas activamente por la recuperación de manera continua: por ejemplo, te has tomado la medicación durante los últimos ocho meses.

Aplica cada una de ellas a tu situación personal y reflexiona al respecto.

18

Identificar fortalezas

Objetivos

Nuestras fortalezas se definen como aquellas cosas que podemos hacer bien, ya sea por habilidad natural o por aprendizaje, e identificarlas puede ayudarte a recorrer el camino hacia la recuperación. Identifica tus fortalezas basándote en tus experiencias actuales y pasadas, evalúa cuáles son más o menos útiles para la recuperación, así como aquellas en las que necesitas mejorar o desarrollar. Este proceso requerirá una buena consciencia y análisis de ti mismo, pero te permitirá tomar mejores decisiones en el futuro y, por lo tanto, te ayudará a desarrollar las mejores estrategias posibles en tu camino hacia la recuperación.

La mayoría de la gente tiende a centrarse en sus fortalezas, pero las personas con trastornos mentales suelen darle más importancia a sus debilidades, ya sean reales o percibidas, debido a la falta de confianza en sí mismas y a la baja autoestima. Probablemente tengas muchas más fortalezas de las que crees. Puedes mejorar las que sabes que tienes y aprender a desarrollar nuevas a través de la práctica regular. Hacerlo hará crecer la confianza en ti mismo, lo que a su vez puede mejorar tus habilidades y hacerte cada vez más fuerte.

Para poner a prueba y desarrollar tus fortalezas quizás tengas que salir de tu zona de confort y, al hacerlo, tal vez te des cuenta de que algunas de tus debilidades percibidas pueden llegar a ser fortalezas. Hasta puede que te des cuenta de fortalezas que otros ven en ti y tú ni siquiera habías percibido.

No te desanimes si surgen contratiempos mientras tratas de descubrir tus fortalezas. Estos siempre pueden ser una fuente de oportunidades y acabar por enseñarte lecciones de lo más valiosas.

Tal vez quieras avanzar a toda prisa, pero tienes que encontrar el ritmo adecuado para ti y permitirte descansar de vez en cuando. Recuerda que no siempre progresarás al mismo ritmo y no hay que dejar que esto te desanime.

Necesitarás toda una ristra de fortalezas para alcanzar la recuperación. Aquí tienes algunas de las más importantes:

- **Hacerte valer:** ser capaz de hablar por ti mismo.
- **Esperanza:** ser optimista respecto al futuro.
- **Autodeterminación:** la capacidad de tomar decisiones vitales.
- **Cooperación:** la capacidad de trabajar con otros hacia un objetivo común.
- **Resiliencia:** la capacidad de recuperarte después de un contratiempo.
- **Paciencia:** la capacidad de mantener la calma y aceptar la demora, ya que no hay ninguna necesidad de correr.

Revisa la lista que te propongo a continuación y tómate tu tiempo para identificar las características que ya posees y aquellas en las que necesitas trabajar. Piensa cómo cada una de ellas puede ayudarte en tu camino hacia la recuperación.

Tolerancia
Ambición
Atención
Valor
Calma
Cautela
Seguridad
Compromiso
Compasión
Consistencia
Cooperación
Coraje
Decisión
Consideración
Determinación
Diligencia
Entusiasmo
Arrojo
Flexibilidad
Concentración
Indulgencia
Esperanza
Imaginación

Independencia
Conocimiento
Parcialidad
Tolerancia
Optimismo
Paciencia
Perseverancia
Persistencia
Practicidad
Razonabilidad
Resiliencia
Ingenio
Responsabilidad
Receptividad
Autonomía
Autodeterminación
Automotivación
Autosuficiencia
Sentido del humor
Fortaleza
Meticulosidad
Comprensión

19

Establecer objetivos

Objetivos

Las metas pequeñas y las graduales pueden retroalimentarse, llevar a logros cada vez más significativos y, por último, a la recuperación. Lo más importante a la hora de establecer objetivos es que sean significativos para ti, y te mantengan motivado.

Luchar por tus metas y alcanzarlas requiere mucho esfuerzo, conocimiento, fuerza, paciencia, persistencia y todo tipo de recursos. Una buena forma abordar el proceso es nombrar, planificar, cumplir y recompensar cada meta que vayas logrando.

Comienza por una lista breve de objetivos a corto plazo con tal de no sentirte abrumado y ordénalas según si son «necesarios» o si «lograrlos me haría sentir bien». Luego, desglósalos en objetivos más pequeños y manejables. También puedes llevar una lista de metas a mediano y a largo plazo a la vez que tratas de ser flexible y aceptar las pequeñas desviaciones que vayan surgiendo a lo largo del proceso. Es posible que necesites detenerte de vez en cuando, reevaluar tu plan y cambiar de rumbo. Sé creativo.

Intenta utilizar el enfoque de objetivos S.M.A.R.T. —acrónimo en inglés— (Drucker, 1954), que plantea que tus metas deben ser:

- **S**pecific (Específicas): claras y definidas. Pueden ser cosas que debes hacer, no hacer o hacer con mayor o menor frecuencia —depende de ti.
- **M**easurable (Medibles): que puedas medir el progreso hacia la meta en términos temporales o según otros parámetros.
- **A**greed Upon (Pactadas): ya sea contigo mismo o con otros.

- **R**ealistic (Realistas): alcanzables mediante recursos accesibles y bajo condiciones normales. Metas poco realistas pueden llevarte a la desilusión y empeorar tu condición.

- **T**ime-bound (Limitadas en el tiempo): establecidas para lograrlos en un plazo de tiempo razonable y específico. Esto sirve para prevenir acciones apresuradas e insostenibles, así como retrasos innecesarios y procrastinación.

También es importante que:

- Identifiques a aquellos que puedan ayudarte a alcanzar tus objetivos. Por ejemplo, un compañero de responsabilidades puede ser muy útil.

- Anticipes contratiempos posibles y desarrolles planes de contingencia para hacerles frente.

- Tengas una lista de tus logros siempre a mano, para poderla revisar cuando necesites animarte.

- Celebres cada logro, ya sea grande o pequeño. (La validación externa es agradable, pero la validación interna es la más importante).

- Nunca pierdas la esperanza —nunca te rindas.

Conocer y abordar los obstáculos que te vas a encontrar mientras buscas lograr tus metas es fundamental con tal de alcanzarlas de forma efectiva. Los obstáculos internos pueden incluir las dudas acerca de uno mismo y la baja autoestima. Los obstáculos externos pueden incluir la falta de apoyo, un tratamiento inexistente y recursos financieros bajos o nulos.

- Enumera tus principales obstáculos. ¿Cómo puedes abordarlos?

....

....

....

....

- ¿Necesitas un compañero de responsabilidades? Si es así, ¿quién podría cumplir ese rol?

....

....

....

....

- Enumera tres objetivos a corto plazo. Por ejemplo, reducir el estigma interno, conocer mejor tu condición o buscar recursos financieros adicionales. Asegúrate de que cada una de estas metas cumpla con los cinco factores S.M.A.R.T.

1. ....

2. ....

3. ....

20

Superar desafíos a lo largo del camino

Objetivos

Los obstáculos, contratiempos, decepciones y la desmoralización son factores comunes en cualquier camino hacia la recuperación. Aunque hayas hecho todo lo posible para prevenirlos, te vas a topar con un sinfín de desafíos, ya que el trastorno mental es, de por sí, desafiante. Nunca te culpes por ellos. De hecho, es probable que la recuperación sea uno de los mayores desafíos a los que te hayas enfrentado en la vida. Hay mucho por hacer, mucho por aprender y muchas incógnitas por delante. Sin embargo, aunque no siempre será un camino fácil, es importante recordar que las cosas pueden y van a mejorar. Conforme avances, el camino se volverá más nítido y comprenderás mejor qué es lo que te ayuda y qué te perjudica. Y, con el tiempo, verás que no existen los errores, solo las lecciones que te hacen aprender a mejorar de cara al próximo desafío.

Muchos contratiempos son resultado de cosas que desconocías o que no puedes controlar, por lo tanto, debes asumir ciertos riesgos si quieres avanzar. Esto implica planificar el camino lo mejor posible, sin dejar de esperar lo inesperado.

Por supuesto que debes escuchar los consejos bienintencionados de tus médicos y seres queridos, pero a veces estos resultan demasiado protectores, y pueden limitar tus logros futuros. Por lo tanto, escucha lo que dicen con atención y asegúrate de formar parte de las decisiones acerca de tu futuro.

Haz lo posible para alcanzar los mejores resultados posibles. A veces, debido a un miedo inconsciente al éxito, no nos damos esa oportunidad; por ejemplo, nos autosaboteamos con acciones que nos conducen al fracaso. Esto puede ser consecuencia del miedo a que el éxito sea efímero, lo que nos llevaría a una nueva decepción, o a simplemente dar por sentado que fracasaremos y, por lo tanto, intentamos reducir el dolor subsiguiente de antemano. Pero ese miedo irracional y esa mentalidad de esperar lo peor es completamente inútil. ¡No te ayudará en ningún caso! En lugar de eso, intenta aceptar que está bien toparte con contratiempos ocasionales e incluso recaer. No es culpa tuya. Sí, puede que necesites empezar de nuevo, pero cada vez que lo hagas, serás más fuerte y más sabio. Todo lo que puedes hacer es dar lo mejor de ti y seguir adelante a pesar de los obstáculos que aparezcan en el camino.

Identificar los desafíos a los que nos hemos enfrentado en el pasado puede ayudarnos a estar más preparados para los que surgirán en el futuro. Con esto en mente:

- Piensa en dos ocasiones en las que te hayas tenido que enfrentar a desafíos durante tu recuperación.

....

....

....

....

- ¿Cómo los superaste?

....

....

....

....

- ¿Con qué obstáculo te estás topando ahora mismo en tu camino hacia la recuperación?

....

....

....

....

- ¿Cuáles son los principales riesgos que ves en tu camino? ¿Qué harás si se presentan?

....

....

....

....

HACERLES FRENTE A LOS DESAFÍOS

21

Hablemos de obstáculos

Objetivos

Dales la vuelta a los obstáculos. Cada vez que aparezcan en tu mente, detente e intenta replantearlos. ¿Estás teniendo pensamientos desesperanzadores? Detente e intenta recuperar la esperanza. ¿Estás pensando «¿para qué molestarse?»? Detente. Las cosas pueden mejorar.

¿Qué tal «nada cambiará»? Detente. Es poco probable que nada cambie y la verdad es que, en algunos casos, la situación solo puede ir a mejor. ¿Tienes una imagen negativa de ti mismo y no paras de darle vueltas a ideas angustiantes? Detente. Intenta distraerte a través de ejercicios de reenfoque y tratando de ver las cosas desde un prisma más optimista. De esta manera, los obstáculos parecerán un poco más fáciles de superar.

¿Te centras en los fracasos y no en los éxitos? Detente. Los contratiempos no son más que oportunidades para aprender, y, además, seguro que tus éxitos superan a tus fracasos. ¿Sientes culpa o arrepentimiento por algo que has hecho mientras estabas enfermo? Detente. Perdónate e intenta no volver a hacerlo; disculparte podría ayudarte a sanar. ¿Rechazas la ayuda? Detente. Todos la necesitamos de vez en cuando.

¿Alejas a tus seres queridos? Detente. Se preocupan y quieren lo mejor para ti. ¿No sigues el tratamiento? Detente. Solo te estás haciendo daño a ti mismo. ¿Te autosaboteas? Detente. ¿Por qué empeorar las cosas? ¿Te comparas con los demás? Detente. Todos vivimos vidas distintas, y es importante tener presente que todo el mundo está librando algún tipo de lucha.

¿Piensas que ya nunca serás el mismo? Detente. Puedes ser mejor y más fuerte de lo que eras. ¿Tienes comportamientos perjudiciales como el abuso de sustancias? Detente. Esos comportamientos solo empeorarán tu enfermedad y la harán más difícil de tratar. ¿Piensas que, porque ya sucedió, volverá a suceder? Detente. No tienes una bola de cristal, y no hay nada escrito. ¿Sientes autocompasión? Detente. Es desalentador, puede hacerte perder la motivación por completo y hacer que te estanques. ¿Te culpas por estar enfermo? Detente. Cualquiera puede tener un trastorno mental, y buscar culpables no hará más que distraerte en tu camino hacia la recuperación. En lugar de eso, céntrate en esforzarte al máximo para mejorar. ¿Tienes una actitud negativa? Ahora más que nunca, ¡detente! O tu camino se verá interrumpido por completo.

Por favor, ¡detente!

Reflexiona sobre cada uno de los obstáculos en tu camino y piensa si son razonables. Cuando te enfrentes a alguno, piensa en dificultades similares a las que hayas hecho frente en el pasado.

• ¿Cómo las superaste?

....

....

....

....

....

....

....

• ¿Qué lecciones aprendiste entonces que pueden ayudarte ahora?

....

....

....

....

....

....

....

22

Incertidumbre

Objetivos

La incertidumbre es parte de la vida, estés o no estés sano, y tiene la capacidad de provocar mucha ansiedad y angustia emocional. «¿Cuál es mi condición, realmente?». «¿Funcionará este medicamento?». «¿Cuánto tiempo voy a estar enfermo?». «¿Recaeré?». Nadie lo sabe con certeza, ni siquiera los mejores médicos. «¿Llegaré a recuperarme?». Puede que sí, pero solo si te esfuerzas por mejorar. Eso sí que es innegable.

Es extremadamente común, entre gente que sufre algún trastorno mental, toparse con dicha incertidumbre y no hay nada de qué avergonzarse. Todos hemos sentido alguna vez que no tenemos control sobre nuestra vida, y a veces otros pueden intervenir e intentar quitarnos el control, pensando que saben lo que es mejor para nosotros. Esto puede hacernos sentir desesperados, impotentes, temerosos, frustrados y enfadados. Sin embargo, cuanto antes aceptes que hay situaciones que no puedes controlar, mejor. Eso te permitirá concentrarte en las cosas que sí puedes controlar.

Intenta minimizar las consecuencias adversas de la incertidumbre anticipándolas, planeándolas y estando listo para actuar. Al hacerlo, puedes recuperar cierto sentido de control y hacer que las situaciones angustiantes sean mucho más fáciles de manejar, ya que nuestra reacción ante la incertidumbre a veces es más impactante que la incertidumbre en sí. Puedes aprender mucho de cómo manejaste las incertidumbres en el pasado; intenta recordar qué fue útil y qué no lo fue en ese momento.

Buscar ayuda también resulta útil. Nunca te rindas ante la incertidumbre: debes seguir esforzándote al máximo y haciendo todo lo que puedas para seguir siendo optimista. Aprende qué estrategias funcionan mejor para ti en tiempos de incertidumbre; la espiritualidad resulta útil para mucha gente; e incluso el mero hecho de decirte a ti mismo que todo saldrá bien puede ayudarte a afrontar las dudas y darte la motivación necesaria para provocar un cambio positivo. Otra estrategia efectiva es hacer una lista de cosas por las que estás agradecido en tu vida (una «lista de gratitud»). Es fundamental que recuerdes que la incertidumbre no siempre lleva al peor escenario posible; también podría llevar al mejor escenario posible.

Si sientes dudas, nunca dejes de preguntarte: «¿Qué es lo mejor que puede pasar?».

Crea tu lista de estrategias para afrontar la incertidumbre. Enumera diez cosas por las que estás agradecido, a modo de recordatorio que te dé ánimo cuando sientas dudas. Lee esta lista cuando sientas ansiedad o angustia.

Mis estrategias para afrontar la incertidumbre:

1.
....

2.
....

3.
....

4.
....

5.
....

6.
....

7.
....

8.
....

9.
....

10.
....

23

Desánimo

Objetivos

El camino hacia la recuperación puede ser largo y es inevitable que las cosas salgan mal en algún momento, pero también habrá ocasiones en las que salgan bien. Aprende a esperar ambos resultados, pues son parte de la vida, con o sin trastorno mental. Es natural sentirse decepcionado si no te estás recuperando tan bien (o tan rápido) como te gustaría; sentirse desanimado, frustrado o afligido son respuestas naturales. Adelante, llora, grita, liberar tus emociones es saludable.

Si a este le parece bien, desahógate con un ser querido y háblale de tus preocupaciones, pero intenta no quejarte. Tus seres queridos también han sufrido decepciones en su vida, todos y cada uno de ellos, así que es posible que sean más empáticos de lo que crees. Quizás quieras rendirte, sientas gran indecisión, dejes de cuidarte a ti mismo o experimentes desesperanza e impotencia, la mayoría de estas emociones puede deberse a la incertidumbre causada por tu enfermedad. Debes aceptarla, pero sin perder, nunca, la esperanza.

La fe, incluyendo las creencias religiosas y la espiritualidad, ayuda a millones de personas en todo el mundo a afrontar la incertidumbre. Tienes que creer que nada es irreversible: por muy mal que te sientas o que te esté yendo ahora mismo, seguro que vendrán tiempos mejores. Intentar controlar algo que no puedes controlar es agotador; en lugar de eso, céntrate en lo que está en tu mano y haz algo al respecto. Sea cual sea la situación, la peor respuesta es quedarse en la cama o en el sofá todo el día, encerrado en tu casa, alejado y aislado de los demás. Has superado obstáculos en el pasado y puedes hacerlo de nuevo. Recuérdalo.

Piensa en todos tus logros: el trastorno mental no puede borrarlos. El hecho de vivir con un trastorno mental es un logro en sí mismo; siéntete orgulloso de eso. Cuando tus amigos y familiares te digan que lo estás haciendo bien, que están orgullosos de ti, créeles. Si has estado resistiéndote a tu enfermedad, detente, pues eso puede retrasar tu recuperación de forma innecesaria. Sabes que puedes coexistir y ser feliz con tu enfermedad. Está bien tomar un descanso e incluso caer en una depresión de vez en cuando, pero debes levantarte y seguir adelante.

- ¿Qué te desanima actualmente en tu camino hacia la recuperación?

....

....

....

- ¿Cómo puedes abordarlo? ¿Qué está en tu mano con tal de mejorar las cosas?

....

....

....

- ¿Quién puede motivarte?

....

....

....

- A continuación, enumera cinco cosas que puedes hacer para sentirte mejor cuando te sientas desanimado:

1.
....

2.
....

3.
....

4.
....

5.
....

24

Pedir ayuda

Objetivos

Pedir ayuda puede ser difícil y requiere valentía. Sin embargo, intenta recordar que es una señal de fortaleza, no de debilidad. Nunca te avergüences ni sientas tristeza a causa de las dificultades que estés atravesando. Cuando se trata de pedir ayuda, hay algunas cosas que debes tener presente; en primer lugar, tienes que ser capaz de identificar cuándo la necesitas y que siempre será mejor recurrir a ella lo antes posible.

Si estás pasando por momentos difíciles, hazle saber a un ser querido que necesitas ayuda. Quizás te preocupe ser una carga, pero lo más probable es que estos se sientan aliviados de que les hayas pedido ayuda en lugar de esperar a que las cosas empeoren; se preocuparán menos si saben que estás haciendo un esfuerzo por cuidarte y probablemente se mostrarán empáticos y comprensivos. No des por sentado que va a ser al revés. Es posible que tu orgullo te impida pedir ayuda, en especial cuando crees que deberías poder resolver la situación por ti mismo. Sin embargo, las personas que te quieren van a querer ayudarte.

Pide la ayuda que crees que necesitas. Tus seres queridos pueden ayudarte a reflexionar sobre esto, pregúntales su opinión al respecto y sé receptivo ante lo que te digan, ellos pueden apoyarte, pero a veces lo mejor que pueden hacer por ti es guiarte para que encuentres a la asistencia que realmente necesitas. Es bueno saber dónde vas a poder encontrar la mejor ayuda posible en cada situación, ya sea a través de un ser querido o, quizás, de un profesional de la salud.

A veces es bueno tener a distintas personas a quienes acudir en busca de ayuda; por ejemplo, alguien que te ayude con el tratamiento y alguien con quien simplemente pasar el rato. El hecho de tener gente que esté ahí para ti puede ser reconfortante y reducir un poco la incertidumbre que acompaña el trastorno mental. Nunca dejes de mostrar tu agradecimiento. Un simple «gracias» puede ser muy significativo para quienes se preocupan por ti.

Y, lo más importante, pregúntate si estás haciendo todo lo que está en tu mano para ayudarte a ti mismo.

• ¿Con qué necesitas ayuda?

....

....

....

....

• ¿Quiénes son las personas más adecuadas para ayudarte con lo que necesitas? Podría ser un ser querido, un amigo, un miembro de una congregación religiosa, un compañero de trabajo, un miembro de tu comunidad, etc.

....

....

....

....

• ¿En qué pueden ayudarte estas personas? Por ejemplo, a investigar opciones de tratamiento, acompañarte a una sesión, proporcionarte medios de transporte o simplemente escucharte.

....

....

....

....

25

Compartir tu historia

Objetivos

Compartir tu historia con la gente adecuada puede ayudar a tu salud mental. Por el contrario, no revelar u «ocultar» tu trastorno mental puede llevarte a un posterior malestar emocional significativo y a que tú mismo hagas suposiciones contraproducentes e incorrectas sobre otros, lo cual podría provocar que te alejes, te aísles, sientas vergüenza y pena o a que pierdas el apoyo con el que contabas. Sin embargo, aunque ser sincero sobre tu enfermedad será liberador, requiere de cierta consideración cuidadosa. Lo más importante es que te sientas cómodo con tu decisión.

Si lo haces con cierto tacto, compartir tu condición te llevará al crecimiento personal, a una mejor atención, apoyo y conexión, a ser más honesto, mejorar tu autoestima, empoderamiento y orgullo personal. No es necesario que compartas todos los detalles sobre tu trastorno y solo deberías abrirte con aquellos con quienes te sientas cómodo haciéndolo. De todos modos, lo más probable es que la mayoría de gente se muestre más empática y comprensiva de lo que esperas.

Ten en cuenta que también existen riesgos a este respecto. Compartir tu trastorno puede causar estigma, hacerte perder amistades, recibir consejos poco útiles y dolorosos e incluso sufrir discriminación en ambientes como tu lugar de trabajo. Sin embargo, con la preparación adecuada, podrías minimizar las consecuencias adversas. Aquellos que deciden contar su historia suelen empezar haciéndolo con sus familiares y amigos. Al hacerlo, quizás descubras que hay gente a tu alrededor que también sufre trastornos mentales y que muchos quieren apoyarte, lo que les resultará más fácil si les informas de cómo pueden hacerlo.

Haz que sea una conversación progresiva, ya que tal vez hay mucho que compartir y no puedes soltarlo todo de una tacada. Además, cuando pases tiempo con otros, no siempre debes sentir la necesidad de hablar sobre cómo te sientes. A veces, no hablar de ello y centrarte en otras cosas también te irá bien. Compartir públicamente tus experiencias puede ayudar a generar una mayor conciencia y comprensión sobre los trastornos mentales. Incluso puede que inspires esperanza en otros y te conviertas en un defensor de los problemas que afectan a la gente que sufre trastornos mentales. Es probable que esto te haga sentir más conectado con los demás y te dé un sentido de pertenencia dentro de tu comunidad.

Hay muchos espacios donde puedes compartir tu historia. Entre ellos, grupos de apoyo, redes sociales, blogs, revistas académicas, libros, manifestaciones artísticas, declaraciones públicas y trabajo como defensor de los derechos de la gente que comparte tu condición. Recuerda que tu historia puede ser fuente de inspiración, y los que te escuchan están interesados en conocerla.

¿Cuál es tu historia? Escribe un párrafo breve describiendo las partes más importantes de tu historia e identidad, incluyendo tu trastorno mental. Este «guion» puede prepararte para cuando decidas compartir tu historia con otros. Recuerda que tú tienes el control sobre tu historia.

- ¿Con quién te gustaría compartir tu historia en primer lugar?

....

....

....

....

- ¿Quiénes son las personas que más podrían beneficiarse de conocer tu historia?

....

....

....

....

- ¿Cuáles son tus dudas o reservas a la hora de compartir tu historia?

....

....

....

....

26

Aceptar la felicidad

Objetivos

Encontrar un sentido y propósito en la vida puede brindarte felicidad y una sensación de gran satisfacción. Piensa en lo que te hizo feliz en el pasado; la búsqueda de la felicidad es un gran motivador para mejorar, además de que inspira esperanza, optimismo y autoestima y, lo más importante, ayuda a valorar la propia vida.

Sin embargo, es posible que lleves mucho tiempo sin ser feliz o incluso sientas que nunca más volverás a serlo. Si ahora eres feliz, tal vez tengas miedo de que dicha felicidad no dure y de que pronto vuelvas a sentir dolor; estos miedos son muy comunes. Revivir viejos tiempos a través de personas, lugares y cosas puede desencadenar recuerdos felices, y es agradable hacerlo en compañía de viejos amigos. Cuando te sientes triste es difícil recordar esos momentos con claridad, así que a veces, tus amigos recordarán mejor que tú lo feliz que eras en el pasado, y te ayudarán a ver que puedes volver a serlo.

Mirar fotos y vídeos también puede ayudar. El trastorno mental no puede arrebatarte esos recuerdos ni la capacidad de ser feliz de nuevo en el futuro, pero sí puede dificultarte encontrar la felicidad durante el camino. Piensa en lo que te hace feliz ahora, aunque no sea mucho, identifícalo e intenta construir sobre ello. También piensa en lo que podría hacerte feliz en el futuro e intenta planificarlo. Nunca le des la espalda a la felicidad; no deseches ese sentimiento frunciendo el ceño con incredulidad. En lugar de eso, intenta sonreír, aunque sea forzadamente; o, mejor aún, ríete un poco. A veces, hacer un poco el tonto es suficiente. Deja que tus seres queridos intenten hacerte feliz y haz todo aquello de lo que disfrutabas antes de enfermar. Ser feliz de nuevo no tiene por qué significar volver a ser quien eras antes, sino abrazar tu nuevo yo y sus nuevas posibilidades. Significa darte cuenta de que puedes vivir con un trastorno mental y, aun así, ser feliz.

Piensa en cosas, grandes y pequeñas, que podrían brindarte momentos de felicidad.

- ¿Qué te hacía feliz en el pasado?

....

....

....

....

- ¿Qué te hace feliz ahora?

....

....

....

....

- ¿Quién es la persona más adecuada para levantarte el ánimo ahora mismo?

....

....

....

....

27

Psicología positiva

Objetivos

La psicología positiva es el estudio de las fortalezas y emociones positivas que pueden surgir durante los tiempos difíciles y que pueden ayudarte a superar obstáculos, ser más resiliente y vivir una vida llena de significado. Las emociones positivas incluyen la alegría, la gratitud, la serenidad, el interés, la esperanza, el orgullo, la diversión, la inspiración, el asombro y el amor, y pueden reducir significativamente la angustia, incluso frente a los desafíos más difíciles.

El Modelo de ampliación y construcción de emociones positivas establece que estas emociones pueden «promover el descubrimiento de acciones novedosas y creativas, de ideas y de vínculos sociales, lo que, a su vez, incrementa los recursos personales del individuo», lo que puede llevar al desarrollo de habilidades útiles (Fredrickson *et al.*, 2004). Pensar y actuar de manera creativa implica ir más allá de las normas establecidas y asumir riesgos calculados con tal de encontrar el mejor camino para uno mismo. Ello puede ser difícil, ya que la respuesta de mucha gente a los trastornos mentales suele ser conservadora y poco receptiva a enfoques innovadores, pero desafiar las del *statu quo* a veces lleva a resultados positivos.

El crecimiento postraumático es otro concepto de la psicología positiva que te puede dar esperanza. «El crecimiento postraumático son los cambios positivos que ocurren como resultado de afrontar crisis vitales muy complicadas. Estos cambios incluyen una mayor apreciación de la vida en general, relaciones interpersonales más significativas, aumento de la fuerza interior, cambios en las prioridades y una vida existencial y espiritual más rica» (Tedeschi, 2009).

Este puede ser el momento para que reflexiones sobre lo que los momentos complicados que has vivido te han enseñado acerca de tu vida. Quizás percibas que la forma en la que vivías ha contribuido a tu enfermedad y ahora te alegres de que tu vida no haya resultado como esperabas en aquel momento. Es importante recordar que volver a ser quien eras antes no es la única opción, ni necesariamente la mejor. Las adversidades pueden ayudarte a crecer, a hacerte lo suficientemente fuerte como para enfrentar nuevos retos y tener una vida mejor de lo que creías posible.

Si estás pasando por un mal momento, intenta verlo como una oportunidad de aprender y de hacerte más fuerte.

• Piensa en momentos previos en los que hayas tenido que enfrentarte a obstáculos y adversidades y enorgullécete de haberlos superado. ¿Qué habilidades o emociones positivas te ayudaron en esos momentos? ¿Qué fortalezas desarrollaste en el proceso?

....

....

....

....

• ¿Tienes algún modelo a seguir o personas a quien admires por las fortalezas que han mostrado en los momentos de adversidad que han atravesado?

....

....

....

....

28

Gratitud

Objetivos

La gratitud es una forma de reconocimiento, así como una sensación de agradecimiento y felicidad hacia las personas y las cosas buenas de tu vida y tiene la capacidad de contrarrestar la negatividad en la que a menudo nos vemos empujados. Sin embargo, sentir gratitud puede ser difícil para quienes sufren trastornos mentales. A veces, es demasiado fácil centrarse en la enfermedad y perder de vista las cosas por las que deberías estar agradecido.

Puedes estar extremadamente enfadado, pensar que no hay nada en tu vida que merezca la pena y transmitirlo a los que tienes a tu alrededor, lo que acaba resultando doloroso para ambos. El trastorno mental a veces te ciega y no te deja ver las cosas buenas de tu vida. Hay cosas como una buena atención médica, la vivienda y el apoyo de un ser querido que simplemente no podemos dar por sentadas. Sé consciente de que siempre hay algo por lo que estar agradecido, incluso si parece pequeño e insignificante.

Debemos convertir lo negativo en positivo y la gratitud puede ayudarnos a poner los obstáculos y contratiempos en perspectiva. Puedes sentir emociones fuertes sobre tu enfermedad, pero aun así estar agradecido. Tal vez haya quien diga que eres un ingrato o que no lo valoras, y quizás sea cierto, pero lo más probable es que no sea así, por lo que este tipo de afirmaciones pueden ser dolorosas y hacerte sentir culpable. Puede ser difícil mostrar gratitud cuando estás enfermo y nada te importa, pero es importante dar las gracias a tus compañeros en el camino hacia la recuperación y disculparte si no lo has hecho. Un pequeño «gracias», o un simple gesto de aprecio pueden fortalecer y mejorar una relación y hacerte sentir mejor contigo mismo en el proceso.

La gratitud no es una cualidad innata que existe independientemente de tus circunstancias y experiencias; simplemente se trata de saber ver lo bueno en lo que tienes. Puede ayudar a contrarrestar la negatividad y hacerte sentir mejor, más feliz y más optimista con tu vida en general. Ser agradecido, consciente y valorar lo bueno de la vida, también puede desencadenar emociones positivas. Así que concédete un tiempo para poder apreciar las pequeñas cosas por las que debes estar agradecido.

¡Hagamos tu lista de gratitud! Haz una lista de diez cosas por las que estás agradecido y repásala cuando sientas ansiedad o estés estresado.

Doy las gracias por:

1.
....

2.
....

3.
....

4.
....

5.
....

6.
....

7.
....

8.
....

9.
....

10.
....

CONTROLAR LAS EMOCIONES

29

Detonantes

Objetivos

Un detonante, lo que se considera un factor causante de estrés, es una acción o situación capaz de provocar una reacción emocional adversa, que, a su vez, puede provocar que algunos síntomas resurjan o empeoren. Abordar los detonantes potenciales antes de que aparezcan suele ser más fácil que afrontar las consecuencias. Son experiencias individuales, que varían ampliamente de una persona a otra y que pueden provocar una reacción física, como respiración agitada, o una reacción emocional, como sentirse menospreciado. Puede causar una amplia gama de emociones, como la ira, que resultan perjudiciales para la salud mental. Algunas personas llegan a decir que estamos exagerando o que somos «demasiado sensibles» cuando reaccionamos a un detonante, lo cual puede ser molesto e invalidante.

Existe un sinfín de estímulos diferentes que pueden actuar como detonantes y estos suelen estar ligados a experiencias pasadas. Los factores externos, como conflictos interpersonales, son muy comunes. Por ejemplo, leer o escuchar sobre temas como el suicidio o las autolesiones puede ser un desencadenante. Los detonantes internos suelen ser sentimientos que provocan una respuesta emocional, como sentir ira al pensar que alguien se está burlando de ti. Los detonantes del trauma te recuerdan un evento traumático anterior, mientras que los síntomas podrían incluir sueño interrumpido, lo cual puede ser muy perjudicial para la salud mental.

Es importante identificar los detonantes, hacer un plan para abordarlos, probar estrategias para afrontarlos centradas en el problema y en las emociones implicadas, comunicarse con quienes puedan estar generándolos, elegir la terapia adecuada, comprobar la veracidad de tus pensamientos, estar atento a los detonantes potenciales y practicar el autocuidado. Es difícil controlar nuestros detonantes; sin embargo, podemos aplicar lo que hemos aprendido de experiencias pasadas para gestionarlos y limitar el riesgo de que nos afecten. No podemos minimizar o desestimar el detonante ni centrarnos solo en lo que sucede después de que este nos afecte, sino que debemos centrarnos, también, en lo que podemos hacer de antemano, pues así podríamos llegar a ser capaces de prevenirlo. De este modo, ganaremos cierto control, y cualquier cosa que nos dé un poco de poder sobre nuestro trastorno mental puede ayudarnos a conservar un estado emocional positivo.

- Describe tus dos detonantes principales, detallando quién, qué, dónde y por qué se producen.

....

....

....

....

- ¿Cómo puedes intentar abordarlos?

....

....

....

....

- ¿Tus compañeros en el camino hacia la recuperación son conscientes de ellos? ¿Qué quieres que sepan sobre ellos o te gustaría que hicieran si sospechan que algo puede haber actuado como detonante? Comunícales de antemano qué pueden hacer ante una situación de este tipo.

....

....

....

....

Pensamientos

Objetivos

Los pensamientos son las opiniones que tienes sobre ti mismo, otras personas y cosas. Pueden ser automáticos, habituales, repetitivos o progresivos, a veces espontáneos o de derivación rápida. A menudo los pensamientos pueden ser infundados, negativos e irracionales. En general, son provocados por un evento o situación y, a su vez, pueden actuar como detonantes. Los pensamientos detonantes pueden basarse en suposiciones infundadas, interpretaciones erróneas o malentendidos. Pueden llevar a una angustia emocional significativa y a otros efectos adversos, como relaciones personales tensas.

Debemos abordar estos pensamientos lo más pronto posible, porque pueden intensificarse con el tiempo. Lo que llamamos intervenciones de autocuidado pueden serte de ayuda a la hora de lidiar con los pensamientos negativos y pueden consistir en prácticas como el *mindfulness* o el mero hecho de centrarse en el momento presente, lo cual puede ser muy útil para controlar las reflexiones negativas que se repiten en un bucle interminable.

La exposición prolongada a pensamientos negativos puede hacer que estos empeoren e incluso provocar reacciones físicas, como el estrés, y hacer que tus pensamientos negativos se descontrolen. Siempre que puedas, intenta resistir la tentación de abordar tus pensamientos negativos de inmediato y acepta que abordarlos de manera constructiva puede llevar cierto tiempo. Establece un plazo en el futuro cercano para abordarlos después de que la angustia emocional inicial haya pasado, lo que permitirá una respuesta más reflexiva.

La mejor manera de abordar los pensamientos negativos es comprobar si son razonables. Evalúa si son «distorsiones cognitivas» o creencias irracionales (Beck, 2021). Desafía tus pensamientos: considera las pruebas a favor y en contra de estos. ¿Existen explicaciones alternativas para lo que está sucediendo o por cómo te sientes? El objetivo al hacer esto es eliminar o minimizar los impactos adversos de los pensamientos. Intenta hablar con un terapeuta o alguien de confianza sobre tus detonantes y pensamientos negativos.

Algunas personas con trastornos mentales son más vulnerables al pensamiento negativo que otras debido a los obstáculos con los que se han topado en el pasado, pero este no tiene por qué dictar el presente o el futuro. Cuando te encuentres en un bucle de pensamientos negativos, detente a ti mismo: esos patrones de pensamiento solo pueden causar un dolor y una angustia innecesarios.

- ¿Eres consciente de los detonantes que te hacen tener alguno de los siguientes pensamientos, en caso de tenerlos?

Me siento molesto/a.

Me siento avergonzado/a.

Me siento atacado/a.

Me he sentido culpado/a.

Me siento controlado/a.

Me he sentido derrotado/a.

Me siento decepcionado/a.

Me siento menospreciado/a.

Me siento avergonzado/a.

Siento envidia.

Me siento exhausto/a.

Me siento excluido/a.

Me siento olvidado/a.

Me siento frustrado/a.

Me siento indefenso/a.

Me siento afligido/a.

Me siento herido/a.

Me siento ignorado/a.

Me siento inseguro/a.

Me siento juzgado/a.

Me siento un perdedor/a.

Me siento solo/a.

Me siento ofendido/a.

Me siento abrumado/a.

Me siento impotente.

Me siento rechazado/a.

Me siento asustado/a.

Me siento estúpido/a.

Me siento estresado/a.

Me siento amenazado/a.

Me siento atrapado/a.

Me siento descuidado/a.

Me siento incómodo/a.

Me siento infeliz.

Me siento inseguro/a.

Me siento victimizado/a.

No me siento amado/a.

Siento envidia.

Siento preocupación.

Siento injusticia.

- ¿Hay algo que puedas hacer para evitar esos detonantes o pensamientos?

Prueba de realidad

Objetivos

La prueba de realidad consiste en asegurarte de que tu experiencia subjetiva del mundo coincide con la realidad objetiva externa. Hacerlo puede evitarte mucho sufrimiento. Intenta preguntarte a ti mismo: «¿Hay alguna prueba que respalde mi conclusión actual?». En la medida de lo posible evalúa la razonabilidad de tu interpretación desde todos los ángulos; tal vez tu interpretación de los hechos esté basada en un malentendido, sea tuyo o de alguien más. ¿Estás concediendo a otros el beneficio de la duda cuando su conclusión puede ser refutada con facilidad?

Evita dudar de explicaciones claras. No vayas más allá del aquí y el ahora. Céntrate en la situación actual y no en alguna posibilidad teórica futura. Evalúa la situación con detenimiento, idealmente cuando no te encuentres en un estado de angustia emocional, si es posible. Recuerda que tu estado mental momentáneo puede estar influenciando tu interpretación de los hechos externos.

Cuando te des cuenta de que estás dudando acerca de tu experiencia de la realidad externa, pensar en hechos del pasado puede ser muy útil. ¿Has tenido este tipo de pensamientos con anterioridad? ¿En ese momento, tu interpretación fue razonable? ¿Estás dejando que tus prejuicios distorsionen tu pensamiento? Habla con gente que estuvo presente cuando el hecho sucedió. Estos pueden tener una visión más objetiva o contar con información de la que tú no dispones. Intenta convertir tu interpretación negativa de los hechos en positiva. Para hacerlo, anota toda la información que has recopilado con tal de tenerla a mano y crea una lista de posibles interpretaciones, asegurándote de incluir, por lo menos, una de positiva. Imagina que eres una tercera persona y clasifica cada una de las interpretaciones basándote en lo sucedido mediante una escala del 1 (completamente razonable) al 5 (poco razonable). Intenta lo mismo con un terapeuta o un acompañante de confianza para que actúen como dicha tercera persona y considera su interpretación de los hechos. Tal vez cada una de las partes vea las situaciones de manera diferente, por lo que puede ser útil escuchar opiniones distintas.

Piensa en las consecuencias de interpretar hechos de manera poco razonable o de precipitarte respecto a las conclusiones. Tu sensibilidad puede influir en tu interpretación. Es importante recordar que mucha gente con trastornos mentales son hipersensibles debido al estigma interno. Los hechos son hechos, pero su interpretación de estos puede variar de una persona a otra.

Basar tu interpretación de los eventos en hechos te permitirá abordar de manera más constructiva los cue puedan actuar, una vez más, de detonantes. Vivimos en la realidad, así que deberíamos regirnos por ella. Pon en práctica la prueba de realidad con los hechos que has recogido.

Para comprobar hasta qué punto un pensamiento es razonable, pregúntate si es reflejo de alguna clase de distorsión cognitiva (Beck, 2021):

1. **Visión polarizada:** pensar solo en extremos, en lugar de en matices.
2. **Personalización:** culparte a ti mismo por algo que no puedes controlar.
3. **Pensamiento catastrófico:** asumir el peor escenario posible.
4. **Adivinación del futuro:** sacar conclusiones precipitadas.
5. **Filtrado:** poner el foco en los aspectos negativos de la situación a la vez que se desestiman los positivos.
6. **Lectura del pensamiento:** basar tus conclusiones en lo que crees que otros están pensando.
7. **Sobregeneralización:** llegar a una conclusión basada en un solo ejemplo.
8. **Descalificación de lo positivo:** atribuir lo positivo a la suerte en lugar de al mérito.
9. **Los «deberías»:** centrarte en lo que debería haber sucedido en lugar de aceptar lo que ha ocurrido.
10. **Razonamiento emocional:** asumir que las emociones negativas reflejan la verdad

32

Sentimientos

Objetivos

Los detonantes pueden llevar a pensamientos capaces de despertar todo tipo de sentimientos. Los sentimientos son pensamientos subjetivos, agradables o desagradables. Pueden pasar desapercibidos, ser insignificantes, mínimos o extensos, durar mucho tiempo o desaparecer en un instante.

Intenta recordar que el suceso en sí no es tan importante para tu bienestar mental como tu interpretación de aquel. El miedo y la ira pueden ser los sentimientos más perjudiciales, junto a la incertidumbre, la preocupación, la impotencia, la frustración, la desesperanza, el pesimismo y la tristeza. Pueden ser difíciles de controlar y, a menudo, están interconectados. Por ejemplo, la ira suele originarse a partir del miedo, que muchas veces surge de la incertidumbre.

Intentar identificar y manejar los detonantes, pensamientos y sentimientos subyacentes puede resultar muy útil. Pregúntate a ti mismo: «¿Estos sentimientos que estoy teniendo son apropiados o desproporcionados respecto al evento que los ha originado?». El apoyo de acompañantes, la terapia, las estrategias para afrontar los detonantes y el autocuidado pueden ayudar a abordar dichos sentimientos negativos. Piensa en cómo de probable, o de improbable, es que el resultado que temes se materialice; piensa en experiencias pasadas en las que te preocupaste sin necesidad e intenta no analizar demasiado los detonantes subyacentes o predecir sus resultados.

Es importante que no te rindas ante tus sentimientos ni actúes de forma impulsiva a raíz de ellos. Sin embargo, tampoco deberías reprimirlos, ya que hacerlo puede hacer que se intensifiquen. Es importante abordarlos porque, de lo contrario, podrían afectar tu salud mental e incluso provocar problemas físicos como el trastorno del sueño. Recuerda que, incluso aunque tus sentimientos no sean «razonables», siguen siendo válidos. Asimismo, no olvides que los sentimientos no son hechos.

Por otro lado, también hay sentimientos buenos. Cuando empezamos a sentirnos bien, es como si de golpe despertáramos. Sentimos emoción por la vida y experimentamos sensaciones intensas; no les tengas miedo. Si sientes que tienes control sobre ti mismo, no permitas que tus seres queridos te frenen por temor a tu posible decepción posterior o a que tu entusiasmo te haga recaer.

Acepta tu pasión y vive la vida intensamente. Los sentimientos pueden ser malos o buenos; aceptar los malos y fomentar los buenos te ayudará mucho en tu camino hacia la recuperación.

Si eres capaz de controlar tus sentimientos y tu humor a diario, podrás identificar los patrones que te ayudarán a alcanzar la recuperación.

- Identifica los tres sentimientos que te afectan con mayor frecuencia y puntúa su intensidad del 1 al 10 (1 corresponde a tu momento más bajo y 10 a cuando te has sentido mejor).

1. ....
....

2. ....
....

3. ....
....

- Identifica maneras de afrontar estos sentimientos. ¿Qué te ha funcionado antes?
....
....

- Concédete alguna recompensa por mejorar tus emociones o tu ánimo.
....
....

- Si estás preocupado o sientes ansiedad, identifica un pensamiento positivo que te sea de ayuda.
....
....

33

Rabia

Objetivos

La rabia puede ser uno de los sentimientos más destructivos. Puedes estar enfadado por muchas razones: tu trastorno mental, la sensación de no mejorar, efectos secundarios desagradables de la medicación, cuidadores que parecen no entender por lo que estás pasando y amigos insensibles. También puedes estar enfadado contigo mismo por ponerte enfermo; el autodesprecio es común y no hay por qué avergonzarse. Tal vez quieras culpar a otros, como a tus seres queridos, los profesionales de la salud o incluso a Dios. Muchos sentimientos subyacentes se acaban manifestando como rabia; la pérdida de control, la incertidumbre, la frustración, el maltrato, la falta de esperanza y la impotencia, entre otros.

Puedes expresar esta rabia a través de comportamientos destructivos, como abuso de sustancias o peleas, o proyectar tus propias emociones en otra persona. A veces, la rabia se manifiesta en estallidos espontáneos durante momentos de frustración, de los que puede que te arrepientes más tarde y resultan perjudiciales y dolorosos. Recuerda que, aunque desahogarte puede ayudar, quejarte y echarle la culpa a otro, por lo general no lo hará. Puede ser útil hacerle saber a tus seres queridos que tu enfermedad te causa rabia; sin embargo, intenta no tomarte a pecho lo que hacen o dicen por falta de conocimiento. El trastorno no es algo que tú ni nadie haya provocado y no debes dejar que destruya tus relaciones.

Tú y tus seres queridos tenéis que convertir al trastorno mental en el enemigo común y evitar enemistaros entre vosotros. La enfermedad mental es una realidad, pero no tienes por qué sentirte impotente ante la rabia que experimentes como resultado de esta; aplicando estrategias efectivas para afrontar la rabia, puedes recuperar algo de control. Las estrategias pueden ser múltiples, desde técnicas tranquilizadoras que pueden desarmar la ira, hasta otras más enérgicas como el ejercicio intenso, lo que permite liberar energía acumulada. Cada uno tiene sus propias estrategias para afrontar la rabia que le funcionan mejor.

Quizás no logres controlar todos los elementos que ejercen de detonantes, pero puedes aprender a controlar mejor tus sentimientos. Aunque sea difícil aceptar tu trastorno mental, es importante hacerlo lo mejor posible dadas las circunstancias. Viéndolo por el lado positivo, la rabia puede ser una verdadera fuerza motivadora. Úsala de forma constructiva.

Por lo general, los detonantes que disparan nuestros sentimientos suelen ser los mismos. En estos casos, llevar un registro de tus sentimientos e identificar patrones que los causen puede ser de ayuda. Cuando experimentes un sentimiento negativo recurrente, intenta hacerte las siguientes preguntas:

• ¿Cuál ha sido el detonante?

....

....

....

• ¿Qué estaba haciendo?

....

....

....

• ¿Con quién estaba?

....

....

....

• ¿Cuándo sucedió?

....

....

....

• ¿Dónde estaba?

....

....

....

- ¿Cuáles eran mis pensamientos?

....

....

....

- ¿Cuáles eran mis sentimientos?

....

....

....

- ¿Cuál fue mi reacción?

....

....

....

- ¿Qué puedo hacer para, en el futuro, controlar mejor mi reacción?

....

....

....

34

Depresión

Objetivos

La depresión en el sentido cotidiano es diferente a la depresión como enfermedad. Es común entre la gente que sufre trastornos mentales experimentar la depresión en alguna de sus formas, lo que puede afectar negativamente a cómo se sienten, piensan y actúan. A veces, esta provoca sentimientos intensos de tristeza y pérdida de interés en actividades que antes disfrutaban. También puede afectar el sueño, la energía y la motivación.

La «depresión cotidiana» puede ser desencadenada por un evento desagradable, como una experiencia perturbadora, y que, una vez resuelto, vuelvas a sentirte mejor. En otros casos, la depresión puede aparecer de forma inexplicable, incluso cuando las cosas van bien, lo que resulta muy desalentador y puede hacerte sentir que, hagas lo que hagas, siempre estarás deprimido.

En momentos así, cualquier cosa puede resultar difícil, incluso levantarte de la cama parece imposible. No hacer nada al respecto puede agravar la depresión todavía más y llevarte a una espiral descendente mediante la cual la depresión cotidiana se acaba convirtiendo en un trastorno depresivo. La desmoralización (la frustración que sientes cuando ocurren muchas cosas malas) también puede convertirse en depresión y hacer que te aísles, retraigas y seas incapaz de salir de tu casa. Puedes experimentar una angustia emocional intensa, abrumadora e implacable y no parar de darle vuelta a los mismos pensamientos negativos.

Si llegas a este punto, puede que sientas que nada ni nadie te hará sentir mejor, a veces incluso sientas que no eres capaz de seguir adelante. Estos momentos son particularmente peligrosos y debes buscar ayuda de inmediato, porque la depresión puede empeorar con el tiempo. Abórdala de inmediato.

Existen varias estrategias para afrontar la depresión que pueden ayudarte. En especial las distracciones, capaces de calmar los pensamientos negativos que se repiten en bucle y suelen agravar la depresión. La medicación y la terapia pueden ayudarte. Si te encuentras en este estado, habla con tus seres queridos y proponte hacer siempre un poquito más, aunque sea lo mínimo indispensable. Superar la depresión por tu cuenta es difícil, así que pide ayuda. No tienes por qué sufrirla solo/a.

Identifica los primeros síntomas de la depresión. Para ello, describe tus episodios depresivos acorde a las siguientes características:

• Detonantes: ¿qué los provoca?

....

....

• Emociones: ¿cómo te sientes?

....

....

• Actividades: ¿qué cambios haces al respecto?

....

....

• Duración: ¿cuán rápidamente se presentan y cuánto duran?

....

....

Comparte las respuestas con tus seres queridos, acompañantes y médicos y pregúntate:

• ¿Cuál es mi plan de acción para afrontar la depresión?

....

....

• Explica a tus seres queridos y acompañantes qué te gustaría que hicieran si perciben algún indicador de depresión.

....

....

TRATAMIENTO

35

Educación en salud mental

Objetivos

Es importante que sepas todo lo posible sobre tu enfermedad, pero a veces es difícil apartarte para poder ver tu situación de manera objetiva. Sin embargo, aprender, aunque sea un poco, te ayudará, pues puede hacerte sentir empoderado, en control y menos inseguro respecto a tu condición, lo que te permitirá ser más proactivo en el tratamiento y en el cuidado de ti mismo.

El conocimiento también te ayudará a ser mejor paciente y contribuirá a tu tratamiento, ya que estarás más preparado para identificar problemas y abordarlos con tu médico o profesional de la salud. Algunos temas clave sobre los que deberías aprender son: factores de riesgo y detonantes, señales de alarma, síntomas, opciones de tratamiento e intervenciones en momentos de crisis. También deberías intentar aprender mecanismos generales para llevar una buena salud mental —como el control del estrés y actividades de autocuidado— y cómo incorporarlos a tu vida diaria.

El aprendizaje puede ayudarte a asumir más responsabilidad en el tratamiento de tu trastorno y desempeñar un papel más activo en tu cuidado a través de la autogestión de la enfermedad. Eres el mayor experto en ti mismo y quien mejor conoce tus deseos y necesidades, pero la educación y el cuidado te ayudarán a tomar decisiones mejores y, también, a entender que no estás solo: el veinte por ciento de la población mundial convive con un trastorno mental (National Alliance on Mental Illness, s.f.).

Saber más sobre trastornos mentales puede ayudarte a interiorizar que no eres un problema, un fracaso o un perdedor solo por el hecho de tener una enfermedad. Más allá de los profesionales de la salud, puedes encontrar información mediante compañeros que sufren trastornos similares y organizaciones de salud mental sin ánimo de lucro. Si bien Internet puede ser una fuente útil, ten cuidado con lo que lees en la red. Algunas fuentes fiables son las webs de la Asociación Psiquiátrica Americana, la Alianza Nacional sobre Enfermedades Mentales, Mayo Clinic, Healthline, WebMD y SMI Advisor.

Contrasta siempre la información que recibas con tu médico antes de dejarte guiar por ella, en especial aquella relacionada con el tratamiento. Puede que tus seres queridos también quieran aprender sobre tu condición con tal de poder ayudarte; escucha sus consejos y los de tus médicos. Lo ideal es que tú, tus seres queridos y tus médicos compartáis conocimientos entre todos.

- ¿Qué sabes sobre tu condición?

....

....

....

- ¿Qué más te gustaría saber sobre ella?

....

....

....

- ¿A qué otras fuentes de información y de educación recurrirás?

....

....

....

- ¿Qué preguntas tienes para tu médico o profesional de la salud?

....

....

....

- ¿Has hablado con otras personas con trastornos parecidos? ¿Tienes algún compañero o igual al que puedas pedirle información sobre su propia experiencia? Si no es así, puedes conocerlos en ForLikeMinds.com

....

....

....

36

Terapia

Objetivos

La terapia es una herramienta fantástica para ayudarte a entender y a controlar tus sentimientos, y te da la oportunidad de hablar sobre tus preocupaciones sin tapujos con un profesional formado y objetivo, que a menudo está mejor preparado para ayudarte que tus seres queridos. Los terapeutas pueden ser consejeros de salud mental con licencia, trabajadores sociales, psicólogos y psiquiatras, y combinar terapia con medicación puede ser la estrategia de tratamiento más efectiva. Sin embargo, elegir un terapeuta es una decisión importante y, antes de hacerlo, deberías seleccionar algunos candidatos y evaluarlos detenidamente; el tiempo que lleven ejerciendo y el tipo de experiencia que tengan son consideraciones importantes a la hora de elegir el adecuado para ti.

Además, es importante conocer los diferentes tipos de terapia antes de decidirte por uno. Los tres más populares son: terapia psicodinámica, terapia cognitivo-conductual (TCC) y terapia dialéctico-conductual (TDC).

La terapia psicodinámica se centra en las «raíces psicológicas del sufrimiento emocional a través de la autorreflexión y la autoevaluación y en la relación paciente-terapeuta» (American Psychological Association, 2010). La terapia cognitivo-conductual «permite tomar conciencia de los pensamientos negativos, evaluar cómo de realistas son y descubrir cómo abordarlos» (Beck Institute, s.f.). La terapia dialéctico-conductual permite aprender a regular y tolerar las emociones (Behavioral Tech, s.f.).

Tu siguiente paso debería ser evaluar tu «afinidad interpersonal» con el terapeuta en cuestión basándote en tus deseos y necesidades con tal de averiguar si es el «indicado». Antes de nada, debes plantearte cuidadosamente qué cualidades debería tener tu terapeuta. Lo más probable es que necesites probar con varios antes de encontrar uno que te guste.

Si tu presupuesto lo permite, intenta tener alguna sesión con cada candidato. En algunos casos, puede que te sientas cómodo con vuestra relación, pero no con los consejos que te da. Averigua por qué te sientes así y comunícalo. Un terapeuta con competencia cultural puede entender mejor la influencia que tu comunidad y tus antecedentes tienen sobre ti. Identificar tus preocupaciones y metas suele ser útil al inicio de la terapia. Puede que estas cambien con el tiempo, por lo que quizás tendrás que reevaluarlas más adelante. Es difícil predecir cuánto tiempo te llevará apreciar resultados positivos, así que intenta ser paciente y recordar la importancia de hablar de tus sentimientos en lugar de guardártelos para ti.

A continuación, verás algunos rasgos ideales en un médico o terapeuta.

• ¿Cuáles describen lo que buscas en un terapeuta?

....

....

....

• ¿Cuáles no percibes en tu terapeuta actual?

....

....

....

Empático/a

Compasivo/a

Reconfortante

Comprensivo/a

Sensible

Respetuoso/a

Paciente

No me hace sentir
    intimidado/a

Se toma mis preocupaciones
    en serio

Genuino/a

Imparcial

No estigmatiza

No tiene prejuicios

Posee competencia cultural

No me hace sentir a la
    defensiva

No reprocha ni recrimina

Me trata como a una
    persona

Promueve el crecimiento
    emocional

Es buen oyente

Se involucra en la
    conversación

Fomenta el intercambio

Honesto/a y veraz

Respeta mi privacidad

Me ayuda a tener
    perspectiva

Me educa

Me ayuda a establecer mis
    metas

Me siento bien después de
    las sesiones

Me entiende

37

Tratamiento psiquiátrico

Objetivos

El tratamiento psiquiátrico en general tiene a la medicación como componente central y también puede incluir la terapia. El profesional de la salud colabora con el paciente para establecer un régimen de medicación, prescribe dichos medicamentos y controla el tratamiento. Puede ser un proveedor de atención primaria, un enfermero psiquiátrico o un psiquiatra. La medicación puede ser crucial para alcanzar la recuperación, pero suele ser más efectiva cuando se combina con la terapia.

Resulta de gran utilidad que el profesional que prescribe la medicación colabore con los demás sanitarios involucrados en tu tratamiento y con tu médico de cabecera. La mejor manera de encontrar un buen médico puede ser por referencia de una persona de confianza, en especial alguien que se encuentre en tratamiento o lo haya estado en el pasado. También puedes consultar algunos directorios *online* —como *Psychology Today*— para formar una lista inicial e informarte sobre su experiencia, educación, titulaciones, afiliaciones, publicaciones y años de práctica. También es importante que te plantees si es «indicado» para ti, lo cual puede ser uno de los factores más importantes para que el tratamiento tenga éxito.

Es probable que tengas que probar con varios médicos antes de encontrar al adecuado, lo cual es perfectamente normal. Quizás prefieras asistir a la primera cita con un familiar o amigo con el que te sientas cómodo y te sugiera preguntas relevantes. El enfoque del tratamiento es muy importante; algunos médicos pueden enfocarse solo en los síntomas, problemas, deficiencias o diagnósticos, pero un buen tratamiento debe estar centrado en la persona y en sus fortalezas. Para algunos médicos, el objetivo principal del tratamiento es la estabilidad, pero la remisión es un objetivo todavía más importante. Significa llegar al punto en el que tus síntomas ya no son de relevancia clínica.

Controlar tus síntomas es un paso crítico hacia la recuperación. Es importante que encuentres un médico con el que te sientas cómodo, ya que el proceso exige colaboración cercana. Dicho profesional debería prescribirte medicación que te ayude a alcanzar la recuperación y, lo más crucial, siempre debe tener esperanza en ti, sin importar el tiempo que lleves luchando con tu condición. Asegúrate de elegir al médico que más apropiado resulte para ti.

Plantear las siguientes preguntas y temas de debate te ayudarán a escoger al médico «indicado» y a reflexionar sobre otros temas relativos a tu tratamiento.

- ¿Cuál es su enfoque respecto al tratamiento?

....

....

....

- ¿Cuál es su diagnóstico y pronóstico para mí?

....

....

....

- Me gustaría hablar sobre los objetivos de mi tratamiento.

....

....

....

- Me gustaría hablar de cómo dichos objetivos me ayudarán a alcanzar mis objetivos vitales.

....

....

....

- Me gustaría desarrollar un plan de tratamiento.

....

....

....

- ¿Quién cree que debería formar parte de mi plan de tratamiento?

....

....

....

- Me gustaría desarrollar un plan de crisis.

....

....

....

- ¿Recomienda la terapia?

....

....

....

- ¿Qué tipo de terapia recomienda para mí?

....

....

....

38

Medicación

Objetivos

Con tal de vivir en estado de recuperación, la mayoría de la gente que lidia con trastornos mentales necesita tomar algún tipo de medicación. El enfoque sistemático de «ensayo y error» que suele utilizarse para encontrar el tratamiento indicado puede ser extremadamente frustrante y desalentador, pero es importante que seas paciente y no te rindas, pues la mayoría de la gente acaba encontrando un régimen que le funciona.

Antes de empezar un tratamiento con medicación, puede ser útil evaluar los pros y los contras de las opciones disponibles junto a tu médico. Si un medicamento ayuda, pero tiene efectos secundarios, tienes que decidir si estás dispuesto a vivir con ellos. Si estás sufriendo dichos efectos secundarios, hablar de ello con tu médico te ayudará a sobrellevarlos mejor de lo que crees. Puedes plantearte un tratamiento alternativo, reducir la dosis o tomar uno adicional para contrarrestar el efecto secundario del primero. Tomar más de un tipo de medicamento de forma simultánea es más frecuente de lo que crees.

Puede que te tengas que hacer a la idea de que tendrás que medicarte para el resto de tu vida si quieres mantener tu bienestar. No hay de qué avergonzarse. De hecho, no dista mucho de tomar medicación para la diabetes o la presión arterial alta. Si interrumpes un tratamiento sin supervisión de tu médico, el riesgo de una recaída o de sufrir síntomas de abstinencia puede ser muy alto. Intenta evitar este tipo de medidas drásticas, pero asegúrate de tener poder de decisión sobre tu tratamiento, ya que ello puede ser muy empoderador y te puede animar a tomar más responsabilidad sobre tu enfermedad y recuperación en el futuro.

La toma de decisiones compartida es un enfoque basado en la evidencia en el que puedes trabajar junto a tu médico y, de este modo, asumir más responsabilidades respecto a tu condición. Tu médico te ofrecerá las opciones de medicación disponibles basándose en su experiencia y te permitirá decidir cuál quieres usar. El tratamiento adecuado puede ayudarte a vivir la vida que deseas, sin embargo, si te encuentras con que la medicación no está funcionando, existen tratamientos que no incluyen medicación —como la terapia electroconvulsiva (ECT)— y formas novedosas de estimulación cerebral que también pueden ser de ayuda. A veces, algunas formas específicas de psicoterapia, como la terapia dialéctico-conductual (DBT), pueden funcionar cuando la medicación no alcanza. No pierdas la esperanza: acabarás encontrando el tratamiento adecuado para ti.

A continuación, te sugiero algunas preguntas sobre medicación que le puedes plantear a tu médico y que os ayudarán a determinar cuál es la mejor opción para tu caso en particular.

- ¿Cómo trataría mi condición?

....

....

- ¿Cuáles son mis opciones de medicación?

....

....

- ¿Puede explicarme cada una de ellas?

....

....

- ¿Cuáles son los efectos secundarios de dichos medicamentos? ¿Cómo puedo saber si un efecto secundario es en realidad un síntoma?

....

....

- ¿Estos medicamentos tendrán algún tipo de impacto en mi salud física? ¿Hay alguna actividad que no voy a poder hacer?

....

....

- ¿Es seguro combinar esta medicación con la que estoy tomando?

....

....

- ¿Cuánto tiempo tardaría en ser efectivo?

....

....

- ¿Cuál es la mejor manera de dejar la medicación?

....

....

- ¿Cuál es la mejor manera de reducir la dosis?

....

....

....

- ¿Podría recomendarme formas de ahorrar o gastar menos en medicamentos?

....

....

....

Estos son algunos consejos para cumplir con el tratamiento con medicación:

- Intégrala en tu rutina diaria.
- Simplifica tu régimen.
- Reconoce y gestiona los posibles efectos secundarios de forma proactiva.
- Infórmate sobre ellos a través de fuentes fiables.
- Conoce los objetivos de tu tratamiento.
- Conoce las consecuencias de no tomar la medicación.

39

Comorbilidad

Objetivos

La comorbilidad significa la coexistencia de dos o más enfermedades en una misma persona. Suele ser frecuente en el caso de la gente que sufre trastornos mentales, con condiciones como la depresión y la ansiedad. Un médico capacitado debería ser capaz de tratar las dos al mismo tiempo o de derivarte a otros profesionales que puedan ayudar. También es frecuente la combinación de un trastorno mental y de abuso de sustancias, así como de enfermedades a nivel de salud física. Estas condiciones adicionales pueden desencadenar o empeorar una enfermedad mental y dificultar su tratamiento, por lo tanto, es esencial que informes a todos tus médicos sobre tus trastornos mentales, de uso de sustancias y físicos.

A veces, la gente abusa de sustancias a través de la automedicación, lo cual puede ser muy perjudicial. Un tratamiento integrado de la enfermedad mental y del abuso de sustancias es lo recomendado, y existen médicos especialistas en dichos tratamientos, así como grupos de apoyo de lo más útiles.

La comorbilidad de enfermedades mentales y condiciones de salud física también es frecuente, pero, a veces, no resulta claro si un problema físico refleja una comorbilidad médica o es un efecto secundario de la medicación. Por ejemplo, muchos medicamentos pueden causar aumento de peso y provocar obesidad, lo que pondría al paciente en riesgo de contraer varias enfermedades, en especial la diabetes tipo 2. La medicación también puede causar sedación, lo que puede afectar a la concentración, contribuye a un estilo de vida sedentario y dificulta el logro de metas personales a largo plazo. No dejes de hablar con tu médico sobre cualquier preocupación que te ronde la cabeza, ya que la mayoría de las veces tiene solución.

Una mala alimentación, como el consumo de demasiados alimentos procesados, también puede tener un efecto negativo en tu estado de ánimo.

Mucha gente con trastornos mentales fuma en exceso, lo que puede provocar toda una ristra de problemas de salud, como enfermedades cardíacas y, en última instancia, reducir la esperanza de vida. Es importante que tu psiquiatra y médico de cabecera colaboren en el tratamiento, en especial respecto a la gestión de medicamentos, ya que los fármacos para condiciones diversas pueden tener interacciones que no se pueden ignorar. Por lo tanto, lo más aconsejable es hacerse un control médico, por lo menos, una vez al año. Recuerda que como persona completa que eres, necesitas cuidar tu salud mental tanto como la física.

- Si consumes sustancias, considera los pros y los contras de hacerlo. ¿Cómo te sientes una vez que los efectos positivos han desparecido?

....

....

....

....

....

- Si tienes alguna enfermedad a nivel físico, los médicos que controlan tu salud mental y física deberían colaborar contigo y entre ellos. ¿Lo hacen?

....

....

....

....

....

Si tienes un problema de consumo de sustancias o una enfermedad a nivel físico, puedes recurrir a las siguientes organizaciones con tal de obtener asistencia: American Academy of Addiction Psychiatry, Alcohólicos Anónimos, Narcóticos Anónimos, American Diabetes Association, American Lung Association y Choose My Plate.

40

Prevención del suicidio

Objetivos

Si tienes pensamientos suicidas o ideas de esta índole, es fundamental que busques ayuda, ya sea de un amigo de confianza, un familiar, un profesional de la salud, la línea 988 de prevención del suicidio y crisis, una línea directa similar o el 112. Recuerda que puedes recibir ayuda y que no estás solo. Ante esas ideas, piensa en todas las personas maravillosas de tu vida, en cuánto se preocupan por ti y en cuánto te importan. Piensa en todas las personas, mascotas y cosas especiales que dejarías atrás.

Hay veces en las que lo ves todo negro, pero la situación puede mejorar, y lo hará. Aunque tengas muchas razones para vivir, hay ocasiones en las que el dolor no te deja verlas, por eso recuerda que hay gente que te ama y te necesita. Ser consciente de las señales de advertencia del suicidio te ayudará a saber cuándo necesitas pedir ayuda; las señales pueden ir desde pensamientos y sentimientos a palabras y acciones. Según la American Foundation for Suicide Prevention (AFSP, s.f.), debes estar atento si:

1. Dices ser una carga para los demás, hablas de quitarte la vida, de que experimentas un dolor insoportable, no tienes razones para vivir o te sientes atrapado.
2. Experimentas estados de ánimo como la pérdida de interés, depresión, irritabilidad, ansiedad, humillación o furia.
3. Cambias tu comportamiento respecto al aumento del consumo de sustancias, te retraes y aíslas, sufres alteraciones del sueño, te despides de la gente que te rodea, regalas tus pertenencias, escribes una nota de suicidio o actúas de manera imprudente.
4. Buscas un modo de acabar con tu vida.

Si has tenido pensamientos suicidas, saca cualquier arma que tengas en casa y pídele a una persona de confianza que guarde tus medicamentos si es necesario. En estos momentos, necesitas asistencia INMEDIATA, incluso si eso implica pasar unos días en el hospital. Vivir con un trastorno mental puede ser abrumador y desalentador en ocasiones, pero la recuperación es posible, y esa es una razón fundamental para seguir adelante.

Lo mejor está por venir, tu futuro es rico y esperanzador. Por medio del suicidio, sacrificas esta oportunidad a largo plazo mediante una solución cortoplacista. Recuerda que pedir ayuda es señal de fortaleza. Eres más fuerte de lo que crees.

Si estás teniendo pensamientos suicidas, es importante que busques ayuda, la cual puede adoptar muchas formas. A continuación, te enumero algunas de ellas (para lectores fuera de los Estados Unidos, podéis consultar la sección de «Recursos de Salud Mental»):

- Habla con un amigo o familiar de confianza.

- Habla con tu médico.

- Llama al 988, Línea de prevención del suicidio y crisis.

- Llama al 911 (o al 112 si estás en España).

Un intento de suicidio es una acción destinada a poner fin a la vida, lo que difiere de autolesiones no suicidas (ALNS), mediante las cuales la gente intenta hacerse daño, pero no provocar su muerte. Sin embargo, las ALNS son un factor de riesgo para intentos de suicidio futuros y deben ser tomadas muy en serio.

- ¿Alguna vez has tenido pensamientos suicidas?

....

....

- ¿Alguna vez has intentado suicidarte?

....

....

- ¿Cuáles fueron los detonantes?

....

....

- ¿Cuáles son tus razones principales para vivir? No olvides que la recuperación es una razón para vivir.

....

....

41

Planificación de crisis

Objetivos

La planificación de crisis puede ser crucial, empoderadora e incluso salvar vidas, ayudar a eliminar parte de la incertidumbre que sientes y permitirte tener cierto control durante uno de dichos episodios. Intenta hablar y desarrollar un plan para ello junto a tus seres queridos y médicos. Plantéate preparar una Declaración de Voluntad Anticipada psiquiátrica, un documento legal que establece tus preferencias en caso de crisis, lo cual incluye quién será tu representante si pierdes la lucidez u otra capacidad; un centro de atención, como una unidad intensiva ambulatoria o una unidad hospitalaria; un entorno alternativo durante la crisis, como un retiro entre iguales en tu camino hacia la recuperación y diversas opciones de tratamiento y medicación.

Asegúrate de autorizar a quienes te tratan para que se puedan poner en contacto con quien escojas como representante. A la hora de preparar tu plan, una crisis previa te puede proporcionar conocimientos muy valiosos sobre lo que funcionará y lo que no. Es importante saber de antemano a quién llamar si experimentas una crisis, lo cual incluye a tus médicos o a un equipo de intervención frente a dichos episodios, sin olvidar a los profesionales de la salud mental.

Puede que seas capaz de sobrellevar tu episodio de crisis sin tener que recurrir al 911, lo cual debería ser la última opción, pues puede llegar a ser muy angustiante. Para lograrlo, es crucial que identifiques esas señales de alerta iniciales que indican que tu condición puede estar empeorando. Habla con tus seres queridos y médicos sobre dichas señales y ten un plan de acción listo en caso de que se presenten, hazles saber cómo pueden ayudarte si las perciben y comprométete a buscar ayuda si tú mismo las empiezas a notar.

Informa a tu médico en caso de que hayas dejado de tomar la medicación con regularidad, ya que, a veces, la causa más común de recaída es la falta de adherencia al tratamiento, y tu médico está ahí para ayudarte, no para juzgarte. A veces, no se necesita más que ajustar la medicación para superar una crisis. Estar preparado puede reducir las posibilidades de que la situación llegue al peor escenario posible, como una hospitalización (involuntaria) que nadie desea. Planificar y actuar de forma preventiva puede evitar una crisis y un arrepentimiento posterior.

Empieza a perfilar tu plan de crisis respondiendo a las siguientes preguntas:

* ¿Quién puede ayudarme a preparar un plan de crisis?

....

....

....

* ¿Qué situaciones potenciales me gustaría plantear y cómo me gustaría abordarlas en mi plan?

....

....

....

* ¿Cuáles son las señales de advertencia iniciales que podrían indicar que debo poner en marcha mi plan de crisis?

....

....

....

* ¿Alguno de mis seres queridos conoce dichas señales? ¿Puedo hablar con ellos sobre estas? (Quizás quieres evitar que esto les preocupe o que reaccionen de forma exagerada, pero no permitas que tus reticencias te impidan comunicarte).

....

....

....

- ¿Qué me gustaría que mis seres queridos hicieran si observan alguna de estas señales de advertencia iniciales?

....

....

....

- ¿Cómo de graves deben ser dichas señales para que yo o mis seres queridos tomemos medidas al respecto?

....

....

....

- ¿Cuento con un plan para sobrellevar una crisis que incluya a mis médicos, prescriptores y no prescriptores de medicación?

....

....

....

AUTOCUIDADO

42

«Autovigilancia»

Objetivos

La «autovigilancia» de tu trastorno mental es una de las mejores formas de asegurarte una buena salud a largo plazo, lo cual significa que tu rol es crucial en este aspecto. Mantenerse sano va mucho más allá de ir al terapeuta o al psiquiatra con regularidad, debes saber cómo cuidarte a ti mismo durante todo ese tiempo que hay entre cita y cita.

Recuerda que tus seres queridos también pueden ser de gran ayuda y tanto tú como ellos tenéis que tener muy claro todo aquello que podría tener un efecto negativo sobre tu enfermedad. Aprende a reconocer cómo te sientes cuando estás bien, ese será tu «punto de referencia», y a continuación, lleva un diario en el que anotes tu estados de ánimo y actividades diarias o semanales. Es muy importante que lleves un registro de aquellos momentos en los que tu estado de ánimo o comportamiento comiencen a cambiar para mal, ya que podría ser una señal inicial de que necesitas ayuda.

Piensa en lo que pasó en momentos de crisis anteriores y cómo manejaste la situación en aquel entonces. Puedes hacer un test de salud mental para la depresión como el PHQ-2 en alguna web oficial y fiable, o una Evaluación gratuita de salud mental en la web de Mental Health America (Mental Health America, s.f.). Es muy importante que intentes poner en práctica tus estrategias para afrontar todo tipo de situaciones de las que ya hemos hablado y, si no funcionan, puede que precises de ayuda por parte de un acompañante o profesional de la salud; es importante reconocer cuándo la necesitas y saber cómo pedirla. En casos como estos, es mejor no perder el tiempo ni pensar que es algo que puede esperar, actuar con rapidez puede hacer que tu situación resulte mucho más fácil de abordar.

Escucha a tus acompañantes si te transmiten su preocupación, ya que, a veces, pueden identificar signos tempranos de un episodio antes que tú.

Formula un plan junto a tu cuidador para abordar las preocupaciones o temores que puedan aparecer. Muchas situaciones pueden ser atajadas fácilmente, por ejemplo, ajustando la medicación. Sin embargo, no asumas que las cosas se resolverán por sí solas, en especial si no lo han hecho en el pasado. Es fundamental que sepas reconocer cuándo necesitas ayuda y que la pidas. Hablar de lo que te preocupa con tu médico y llevar una «autovigilancia» de tu condición no solo te ayudará a mantener tu bienestar, sino que maximizará el beneficio que obtengas del tratamiento.

Llevar una vigilancia de tu estado de ánimo respecto a lo que sucede a tu alrededor y a tu respuesta al tratamiento puede ser muy útil. Existen muchas aplicaciones disponibles para la gestión del estado de ánimo pero también puedes realizar el seguimiento tú mismo a través de técnicas muy simples. Por ejemplo, puedes llevar un registro periódico de tu estado de ánimo con una escala del 1 (lo peor posible) al 10 (lo mejor posible).

Las siguientes reflexiones pueden ayudarte a sacar el máximo provecho de esta práctica a lo largo del tiempo:

* ¿Cuál es tu punto de referencia promedio?

....

....

....

* Piensa en tu punto de referencia y en cómo te muestras tanto en tus mejores días, como en los peores, así como los días en los que te encuentras en un punto intermedio. Si en tu punto de referencia promedio, sueles estar un poco melancólico o tu actividad es limitada, seguramente no hay de qué preocuparse.

....

....

....

* Toma nota de tus promedios y de los momentos en que tu estado de ánimo tiende a estar por encima o por debajo de estos. Compara tus observaciones con experiencias pasadas. Esto te ayudará a determinar cuándo hay razones para preocuparse.

....

....

....

- ¿De todo lo que sucede a tu alrededor, qué suele tener un impacto negativo en tu punto de referencia?

....

....

....

- ¿Qué puedes hacer para reducir dicho impacto negativo?

....

....

....

43

Autocuidado básico

Objetivos

El autocuidado significa cuidar tu salud emocional y física. Lo más importantes es tener una buena rutina de sueño, un estilo de vida activo, una dieta saludable y apoyo positivo. Muchas actividades de autocuidado tienen el propósito de manejar, prevenir, eliminar, reducir, interrumpir y hacer frente a un estrés que puede ser de intensidad variada. Todas ellas son fundamentales para una gestión adecuada de la enfermedad.

Las estrategias de autocuidado son especialmente útiles a la hora de controlar el estrés, ya que este puede ser desencadenante de un trastorno o de un episodio, causar un empeoramiento de los síntomas o dificultar el tratamiento de tu enfermedad. Las fuentes internas de estrés son múltiples: desde la dificultad a la hora de sobrellevar tu trastorno hasta el autoestigma; a su vez, las externas pueden estar relacionadas con el trabajo, las relaciones sociales o tu entorno (tanto en el trabajo como en el hogar).

Cada persona experimenta sus propios factores de estrés, pero las actividades de autocuidado pueden ayudar a controlar una gran variedad de elementos causantes de este. Dormir bien es, quizás, la actividad más importante. Tener problemas para dormir es un signo clave de que podrías estar experimentando estrés, el cual puede empeorar con el tiempo. Por lo tanto, es vital que hagas todo lo posible con tal de dormir bien y llevar una buena rutina del sueño.

A veces, la medicación también ayuda en ese sentido. Mantente alerta ante las señales físicas de estrés, como las jaquecas frecuentes y el malestar corporal. Algunas señales a nivel emocional son la ira, los cambios de humor, la dificultad para concentrarse y la irritabilidad. Con tal de resolver los problemas relacionados con el estrés, puedes poner en práctica estrategias de autocuidado o desarrollar tus propias estrategias para minimizar el impacto emocional de todo aquello que sucede a tu alrededor y acaba siendo una fuente de estrés.

El mejor enfoque respecto al problema del estrés es aquel que te tenga en cuenta «al completo», es decir, tanto a nivel físico como psicológico. Para una gestión del estrés eficaz, tienes que convertir las actividades de autocuidado en hábitos de tu rutina diaria, lo que requiere disciplina. Aquellos pequeños factores causantes de estrés son los que tienes que atajar de inmediato, antes de que empeoren y se vuelvan más difíciles de manejar. Intenta tener un compañero de autocuidado que te ayude a no alejarte del camino. Tu propio autocuidado puede ser un complemento crucial para el tratamiento médico: no lo deberías percibir como una opción, sino como una necesidad.

A continuación, te propongo una serie de estrategias para practicar el autocuidado y mejorar tu calidad de vida. Léelas y piensa en cómo incorporarlas a tu rutina diaria:

- **Consejos para dormir:** Organízate con tal de dormir siete horas o más por noche. Levántate y acuéstate a la misma hora todos los días. Limita las siestas. Evita comer o consumir cafeína en horas tardías. Construye tu espacio de sueño y rutinas relajantes antes de irte a dormir (American Academy of Sleep Medicine, s.f.).

- **Consejos para el ejercicio físico:** Organízate con tal de realizar, por lo menos, ciento cincuenta minutos de actividad física aeróbica de intensidad moderada cada semana. Deberías incluir ejercicios aeróbicos como caminar, correr o ir en bicicleta, y ejercicios de fortalecimiento muscular como flexiones de brazos y abdominales (Centers for Disease Control and Prevention, s.f.). Encontrar la motivación para hacerlo puede ser difícil, pero con el tiempo mejorarás, aumentarás la intensidad de tus entrenamientos y ganarás resistencia. Si tu presupuesto te lo permite, trabajar con un entrenador personal te puede resultar de ayuda.

- **Consejos para una buena alimentación:** Come mucha fruta fresca. Ingiere vegetales en todas sus variantes. Que la mitad del grano que consumas sea integral. Varía el consumo de proteínas, como mariscos, carnes magras, aves, huevos, alubias, guisantes, nueces y semillas. Cambia a leche o yogur descremado o bajo en grasas. Minimiza el consumo de grasas saturadas, colesterol, sal y azúcares añadidos (My Plate, Departamento de Agricultura de EE.UU., s.f.).

- **Consejos para un buen apoyo externo:** La soledad puede ser muy angustiante y perjudicial tanto para tu salud mental como física. Intenta tener una red de apoyo sólida y no tengas miedo de pedir ayuda. Socializa con amigos, familiares y miembros de tu comunidad tanto como puedas.

Estas estrategias están pensadas para ayudarte a mejorar tu bienestar general a través de hábitos saludables en tu vida diaria.

44

Actividades diarias

Objetivos

Nadie puede vivir solo de medicación, terapia y las actividades esenciales para la supervivencia. Necesitamos estar activos y comprometidos a diario, llueva, haga sol, estemos tristes o contentos. Las actividades diarias aportan equilibrio a tu día a día, y eso es crucial para tu recuperación.

Sin embargo, para que dichas actividades sean efectivas, hay que convertirlas en hábitos, hacerlas parte de la rutina y tomárnoslas en serio. Las posibilidades son infinitas: algunas funcionarán bien, otras no tanto; algunas serán más efectivas según tu estado de ánimo, otras te ayudarán a mantener tu bienestar y habrá otras que las hagas simplemente por placer. Quizás acabes descubriendo que hay actividades muy útiles para tu salud mental y decidas priorizarlas.

Siempre es buena idea tener un horario de actividades recurrentes y planificadas y cumplirlo. Pide recomendaciones a amigos, familiares y médicos o lee artículos sobre el autocuidado en publicaciones fiables. Las actividades pueden tener impacto directo y positivo en los aspectos emocionales, físicos, espirituales y sociales de tu identidad. Pueden ayudarte a relajarte, a concentrarte en el momento presente y a distraerte de pensamientos negativos y cavilaciones. Finalmente, también pueden contribuir a aumentar tu energía y resistencia. Sin embargo, no te olvides de la importancia de descansar.

Es fundamental que te comprometas a hacer actividades que te generan satisfacción, ya que eso aumentará la probabilidad de que las realices con regularidad. Por lo general, cuanto mejor te vuelvas en una actividad, más la disfrutarás, por lo que es aconsejable probar cada actividad nueva varias veces antes de decidir si es adecuada para ti o no. Asegúrate de seleccionar una buena variedad para evitar el aburrimiento; elige algunas que puedas hacer solo o con un amigo, tanto al aire libre como en interiores, y en momentos de baja o alta energía. Las actividades de autocuidado pueden darte una sensación de logro, ayudarte a mantenerte sano y proporcionarte la energía que necesitas en tu camino hacia la recuperación.

No abandones las actividades que has descubierto que te funcionan, pero asegúrate de seguir probando cosas nuevas.

A continuación, te sugiero una lista de actividades de autocuidado que puedes tener en cuenta. Prueba algunas de ellas y vuelve a leer a esta lista con regularidad para añadir tus propias ideas y elegir nuevas actividades.

Levántate de la cama
Date una ducha
Cepíllate los dientes
Vístete bien
Desayuna
No fumes
No bebas
No te enfades
Sal al exterior
Date un paseo
Viaja
Estira tus músculos y
    extremidades
Respira profundamente
Medita
Sonríe / ríe
Practica el *mindfulness*
Escribe una lista cosas por las
    que estás agradecido/a
Prueba a hacer algo de
    jardinería
Evita las redes sociales
Apaga la televisión
Escucha música
Lee
Lleva un diario
Colorea un libro para adultos

Explora la fotografía
Reza
Pinta / dibuja
Cocina / hornea
Teje
Limpia / organiza
Socializa
Envía un mensaje / llama / haz
    una videollamada con un
    amigo
Conoce a gente nueva
Abraza a alguien
Pasa tiempo con tu familia
Pasa tiempo a solas
Habla sobre tus emociones
Juega con animales
Juega con niños
Toma una clase de alguna
    materia nueva para ti
Ve de compras
Sal a tomar un café
Sal a comer fuera
Tómate el día libre
No hagas nada
Ponte al día con tu lista de
    recados pendientes

• Añade tus propias ideas para el autocuidado.

....

....

45

Compromiso

Objetivos

El autocuidado no funciona si no está acompañado de tu compromiso. Debes esforzarte por seguir activo tanto si te sientes bien como si no. Recuerda que a veces, cuando te sientes mal, es cuando más beneficios obtendrás de practicar el autocuidado. Aunque a veces requiera mucha fuerza de voluntad y no siempre te sientas con ganas, vale la pena. Lo más importante es que descubras qué es lo que funciona para ti, pues cada persona es diferente.

Practica el autocuidado a un ritmo sostenible: no termines agotado al primer día y al siguiente no hagas nada. Establece un horario de actividades, pues esa estructura en tu vida diaria será muy efectiva para convivir con tu trastorno mental. Controla la frecuencia en la que realizas cada actividad, tanto las esenciales como las de ocio, y el nivel de intensidad requerido. Apunta a niveles de intensidad bajos o moderados en los días en los que no te sientas del todo bien.

Al hacerlo con regularidad, es posible que llegues a asociar ciertas actividades con estados de ánimo positivos y aprendas a identificar las actividades que funcionan mejor para tu estado mental de cada momento. Intenta crear un entorno propicio para el autocuidado, ya sea ordenando tu hogar o apuntándote a un gimnasio; investiga los recursos disponibles en tu comunidad, como entrenamientos gratuitos; encuentra a alguien con el mismo objetivo que tú y planead actividades juntos, con tal de forzaros a mejorar el uno al otro y compartir impresiones.

Compartir tus metas con un ser querido o en redes sociales puede aumentar tus posibilidades de esforzarte por alcanzarlas, y tus seguidores también pueden darte su apoyo adicional para ayudarte a lograrlas. Debes evitar las tentaciones innecesarias, como la comida basura si estás intentando perder peso. Otra técnica que puedes probar es el concepto económico de la «aversión a la pérdida»: darle a un amigo una suma de dinero y decirle que puede quedársela si no alcanzas tus metas. El riesgo de perder dinero puede hacerte trabajar más duro.

Finalmente, cuando logres cumplir un objetivo, ¡celébralo! Tu camino hacia la recuperación será mucho más fácil si encuentras maneras de hacerlo más divertido. Un autocuidado divertido es el mejor autocuidado.

Elabora una lista de las actividades de autocuidado que te gustaría o quieras hacer. Que sea realista y no te abrume, para evitar que acabes haciendo mucho menos de lo que proyectas.

Escribe con quién, cuándo, dónde y por qué realizarás tus actividades semanales y esfuérzate en llevar un registro de tu progreso y de tus éxitos.

Actividades diarias de autocuidado:

....

....

....

....

....

....

....

....

Actividades semanales de autocuidado:

....

....

....

....

....

....

....

....

Bienestar

Objetivos

La salud implica a todo tu ser, la persona al completo, y eso es precisamente lo que entendemos por «bienestar». «Es un proceso consciente y deliberado, que requiere tomar decisiones conscientes para un estilo de vida más satisfactorio» (Swarbrick, 2006). Esto incluye un sentido del equilibrio y la satisfacción y comprende todo lo que posibilita la recuperación; en cierto modo, es la recuperación en sí misma.

Las «Ocho dimensiones del bienestar», propuestas por el doctor Swarbrick, sirven de marco de referencia para pensar en este (Swarbrick, 2006). Las propuestas incluyen el bienestar físico, intelectual, financiero, ambiental, espiritual, social, ocupacional y emocional, que están interconectados y se entrelazan. Por ejemplo, si pierdes tu trabajo (ocupacional), puedes deprimirte (emocional), lo cual puede afectar tus relaciones (social). Este modelo de bienestar se centra en las fortalezas, donde cada elemento tiene el potencial de impactar positiva o negativamente en tu salud mental.

Hay muchas formas de mejorar tu bienestar, desde un sinfín de modalidades de ejercicio físico, hasta actividades intelectuales como la lectura o la escritura de un diario personal. Al mismo tiempo, poseer habilidades de administración de dinero puede mejorar tu bienestar financiero; para aprender más al respecto, puedes intentar hacer un curso de finanzas personales.

Pasar tiempo al aire libre, en especial salir a caminar, puede mejorar tu bienestar ambiental, mientras que encontrar una conexión espiritual a través de la meditación, la oración o la conexión con la naturaleza puede ayudarte a afrontar la incertidumbre y el estrés diario de la vida. La religión o la espiritualidad te proporcionarán un sentido de conexión con algo superior. Las conexiones sociales, como pasar tiempo con amigos, familiares y miembros de la comunidad, también son fundamentales para la buena salud mental. El estrés laboral es uno de los principales factores del malestar, por lo que es importante tener una ocupación que te haga sentir realizado y mantener un equilibrio adecuado entre trabajo y vida personal.

Hemos hablado mucho de cómo abordar y perseguir el bienestar emocional. Los problemas de salud mental pueden dificultar la búsqueda del bienestar general, pero esta es fundamental para conseguirlo. Sentirse mal respecto a una de estas dimensiones puede afectar negativamente a cómo te sientes en todas las demás. Debes evitar que los otros aspectos de tu vida perjudiquen tu salud mental. A veces eso no es posible, pero tus estrategias a la hora de afrontar cada situación pueden ayudar.

El bienestar se traduce en conseguir y mantener un equilibrio mientras te ocupas de todos los aspectos de tu vida. Necesitas encontrar formas de motivarte a hacer lo mejor para tu ser «al completo». Puedes experimentar bienestar incluso si convives con un trastorno mental.

Utiliza este ejercicio para explorar cada dimensión del bienestar por separado.

- ¿Qué actividades realizas que fomenten las ocho dimensiones del bienestar?

    1. Físico:

    2. Intelectual:

    3. Financiero:

    4. Ambiental:

    5. Espiritual:

    6. Social:

    7. Ocupacional:

    8. Emocional:

- ¿En cuál de estas dimensiones necesitas mejorar?

....

....

....

- ¿Con qué obstáculos te topas cuando intentas mejorarlas? ¿Cómo puedes superar esos obstáculos?

....

....

....

47

Salud complementaria

Objetivos

Mucha gente explora enfoques de atención médica no convencionales. Cuando estos se combinan con la medicina convencional, se consideran «complementarios»; si se utilizan en lugar de la medicina convencional, se consideran «alternativos». La mayoría de las personas que practican enfoques no convencionales también recurren a tratamientos convencionales. En cualquier caso a día de hoy no existen pruebas que confirmen que los enfoques estrictamente alternativos sean sustitutos efectivos a la medicina tradicional a la hora de tratar trastornos mentales graves.

La salud integrativa coordina enfoques convencionales y complementarios, con especial énfasis en las intervenciones multimodales. Según el Centro Nacional de Medicina Complementaria e Integral de los Estados Unidos, los diez enfoques de salud complementarios más populares son: los productos naturales, la respiración diafragmática, el yoga, el tai chi o el qi gong, la quiropraxia, la osteopatía, la meditación, los masajes, las dietas especiales, la homeopatía, la relajación progresiva y las imágenes guiadas (National Center for Complementary and Integrative Medicine, s.f.). Debes consultar con tu médico antes de probar estos enfoques, ya que los productos naturales pueden afectar tu tratamiento o causar efectos secundarios significativos.

Está demostrado que la meditación y la respiración diafragmática pueden ayudar a aliviar la ansiedad y la depresión en algunos pacientes (National Center for Complementary and Integrative Medicine, s.f.). Hay formas de meditación que se pueden practicar en solitario y otras que requieren un grupo; muchos gimnasios y centros comunitarios ofrecen clases grupales que pueden resultar más inspiradoras que hacerlo solo. También es una manera fantástica de conocer gente nueva.

El *mindfulness* es un tipo de meditación en la que «la persona se enfoca en su respiración y experimenta pensamientos, sentimientos y sensaciones libremente, conforme van surgiendo», lo que aumenta la conciencia del momento presente. Las pruebas existentes muestran que esta práctica puede ayudar a reducir el estrés, la ansiedad y la depresión (Goyal, 2014). Si hay tanta gente que confía en esta práctica, será por algo. ¿Por qué no intentarlo como complemento a tu tratamiento regular, previa consulta con tu médico? Piénsalo. Si crees que podría ser útil, inténtalo.

- ¿Qué otros enfoques complementarios crees que serían buenos para ti?

....

....

....

....

....

- ¿Con qué enfoques no convencionales podrías complementar el convencional?

....

....

....

....

....

- ¿Dónde puedes llevarlos a cabo?

....

....

....

....

....

RELACIONES

48

Cuidadores

Objetivos

Los cuidadores pueden proporcionarte un apoyo fundamental; la mayoría querrá ayudar, pero puede que muchos no sepan cómo hacerlo. Quizás se esfuercen al máximo, y aun así a veces sientan que nada de lo que hacen parece ayudar y que eso los frustre, los haga sentirse tristes, incompetentes, impotentes o desesperados. Posiblemente, ello se deba solamente a que carecen de conocimiento o están mal informados.

Cuidar a otros puede ser difícil, y no siempre les ponemos las cosas fáciles a nuestros cuidadores. Por ejemplo, podemos estar enfadados por el trastorno que padecemos y proyectar esa rabia sobre ellos, retraernos y aislarnos o alejarlos porque pensamos que somos una carga, lo que también puede herirlos. Debemos ayudarlos a ayudarnos; tenemos que involucrarnos y colaborar con ellos. Si hay silencio entre tu cuidador y tú, no asumas lo peor, comunícate, háblale de tus necesidades y deseos, de tus sensibilidades y detonantes. Si no lo haces, ello puede llevar a malentendidos y conflictos e incluso a empeorar tu condición. Es fundamental tener un diálogo abierto, respetuoso, calmado y honesto, así como una relación basada en la confianza.

Si tu cuidador hace algo que te molesta, concédele el beneficio de la duda. Si te ofrece consejo, trata de ser receptivo, no te pongas a la defensiva ni los desestimes. Piensa en ellos. A su vez, plantéate permitir que tus cuidadores participen en tu tratamiento, dándoles permiso para hablar con tu médico. Nuestros cuidadores suelen preocuparse mucho por nosotros y solo quieren asegurarse de que recibamos el mejor tratamiento posible, pero si los excluimos, los dejaremos con esa duda.

Asimismo, puede que prefieras preservar tu privacidad, lo cual es tu decisión. Llegar a un acuerdo sobre el papel que tu cuidador puede desempeñar en tu tratamiento os podría ayudar a ambos. Recuerda que compartís el mismo objetivo: tu bienestar. La cualidad más importante de un cuidador es que nunca pierda la esperanza en ti, incluso cuando tú lo hagas.

Califica las siguientes cualidades de tu cuidador según estos criterios: 1: tiene esta cualidad, 2: podría mejorar, 3: me gustaría que la tuviera.

Habla con ellos sobre cómo te están ayudando y qué podrían hacer para ser más útiles. También puedes llevar a cabo una autoevaluación para calificar tus propias cualidades.

Es tolerante

Me permite ser vulnerable

Pregunta en qué puede
ayudarme

Da validez a mis
preocupaciones

Celebra mis éxitos

Hace cosas que me hacen
disfrutar

Es empático/a

Me anima

Es flexible

Es indulgente

Es buen oyente

Es honesto/a

Está disponible

Me deja tomar decisiones

Es cariñoso/a

Me hace sentir bien

No me juzga

Es paciente

Se comunica conmigo

Me recuerda mis fortalezas

Es respetuoso/a

Respeta mi independencia

Respeta mi privacidad

Es sensible

Me dice que soy importante

Me dice que está
orgulloso/a de mí

Es considerado/a

Es de fiar

Es comprensivo/a

Da validez a mis
sentimientos

Me da buen *feedback*

Es bienintencionado/a

49

Buena comunicación

Objetivos

Una buena comunicación es fundamental para poder cultivar relaciones saludables. Sin embargo, hablar sobre trastornos mentales puede ser difícil, llevar a estallidos de frustración, a hacer comentarios impulsivos o a decir cosas hirientes de forma inintencionada. Puedes ponerte a la defensiva, justificar tu comportamiento o echar balones fuera y no asumir tu parte de culpa. Por su parte, los cuidadores pueden hacer cosas que creen que te ayudan pero que, en realidad, resultan dolorosas. Por ejemplo, recompensar comportamientos saludables, pero retirar su apoyo ante hábitos autodestructivos. Pueden acusarte de que no te esfuerzas lo suficiente, de ser perezoso/a o usar tu trastorno como excusa. Esto puede ser exasperante. Sin embargo, por difícil que sea, tienes que tratar de evitar estas discusiones.

Intenta comunicarte con tus acompañantes. Una buena manera de iniciar una conversación es reconocer su ayuda, así como el hecho de que su papel puede ser difícil, porque lo es. Intenta encontrar un momento propicio para hablar, evita usar un tono acusador o crítico y mantén la calma y el respeto. Algunas técnicas de comunicación que pueden ser útiles en estas conversaciones son: reformular y reflejar el punto de vista de la otra persona, resumir, mantener una conversación fluida, pedir más detalles, describir sentimientos, ofrecer *feedback* de manera educada, dar validez a las preocupaciones del otro, tomarse un descanso y evitar la confrontación.

Otra técnica de comunicación muy efectiva es formular declaraciones de «yo», en las que te enfocas en el problema en lugar de en la persona. Por ejemplo, «Me siento molesto/a cuando me llaman perezoso/a», en lugar de «Me molestas cuando me llamas perezoso/a». Enfocarte en ti te permite comunicar el mensaje sin hacer que la otra persona se sienta a la defensiva. Disculparte por algo desagradable que hiciste puede ayudar a mejorar la relación, aliviar tu culpa y fortalecer el vínculo. Estas técnicas pueden mejorar el rumbo y el resultado de vuestras conversaciones.

A veces, tener una sesión de terapia conjunta o una reunión familiar puede ser útil. La Práctica basada en la evidencia de psicoeducación familiar de SAMHSA también podría ayudar. Hazle saber a tu acompañante que quieres que vuestra relación mejore. El diálogo abierto es la mejor manera de trabajar en equipo y superar algunos de los retos de convivir con un trastorno mental. Cortar la comunicación casi nunca funciona.

¿Tu acompañante exhibe alguno de los comportamientos negativos que se enumeran a continuación? Subraya cualquier comportamiento que creas que se aplica. Habla con ellos sobre tus preocupaciones sin ser demasiado crítico, juicioso o susceptible.

Juzga y critica mis acciones

Dice cosas hirientes hacia mi persona

Me da consejos que no le he pedido

Muestra comportamientos controladores

Ignora mis preocupaciones

Desestima mis preocupaciones

Minimiza mis sentimientos

Me provoca

Me manipula

Me amenaza

Amenaza con abandonarme

Me castiga o amenaza con castigarme

Me intimida

Me da la espalda

Es posesivo/a

Me culpa

Me regaña constantemente

Me hace sentir culpable

Cuestiona mi juicio

No confía en mí

No respeta mi privacidad

Interfiere en mis relaciones

Tiene expectativas poco realistas respecto a mi persona

No respeta mis límites

Se frustra conmigo

No está dispuesto/a a comprometerse

Me hace dudar de mi percepción

50

Amistades

Objetivos

Las amistades son tan importantes para la gente con trastornos mentales como para cualquier otra persona. De hecho, el trastorno mental puede mostrarnos quiénes son los amigos que se preocupan de verdad, los que expresarán su interés cuando no te vean bien, te preguntarán cómo estás, responderán a tus mensajes en un tiempo razonable y se pondrán en contacto contigo para ver cómo estás. Algunos amigos pueden no saber qué decirte y tener miedo de decir algo insensible o hiriente; acércate a ellos y hazles saber que su amistad es importante para ti. Asegúrate de decirles que entiendes si les resulta difícil hablar sobre tu enfermedad, pero que sabes que se preocupan de todos modos. Eso puede hacer que se sientan más cómodos.

A veces, tal vez tengamos que reparar una amistad si hemos dicho o hecho algo hiriente, o hemos alejado a esta persona de nosotros de manera consciente. Acércate a él o a ella. Ten una conversación honesta, evita los reproches y discúlpate si es necesario. Hablar sobre buenos recuerdos compartidos puede recordaros a ambos la fuerza de vuestra relación, pero es importante no forzarlo —a veces, el tiempo es el mejor remedio. Lamentablemente, no es tan raro perder a algunos amigos cuando enfermamos, y una causa frecuente es el estigma que acompaña nuestra condición. Sea como sea, esto recae en ellos y no en ti.

Hay quien no quiere tener una amistad con una persona que padece un trastorno mental; ellos se lo pierden; tienes que comprender que no merece la pena conservar esa clase de amistades, aunque sea doloroso. Debes estar atento a las señales. ¿Te sientes ansioso antes de verlos o exhausto después? ¿Sientes que tienes que actuar con mucho cuidado cuando estás con ellos, tienes inseguridades sobre tu relación o no confías en ellos? Ten en cuenta estos factores; no merece la pena mantener relaciones tóxicas solo por el miedo a estar solos.

No todas las amistades están destinadas a durar. Es importante valorar la calidad por encima de la cantidad. Valora a tus amigos, déjalos formar parte de tu vida, sé un buen amigo para ellos y también para ti mismo.

- Haz una lista de viejas amistades que te gustaría fortalecer o reparar:

1.
....

2.
....

3.
....

4.
....

5.
....

6.
....

7.
....

8.
....

9.
....

10.
....

- Elimina de la lista a cualquiera que creas que no entendería cómo, en el pasado, tu comportamiento se ha podido ver afectado por tu trastorno mental.
- Con los nombres restantes, formula un plan para intentar reconectar con ellos.

51

Límites

Objetivos

Los límites tratan, más que nada, de ti. Ponerlos significa limitar el comportamiento de los demás respecto a ti. Es decir, priorizarte. Los límites efectivos pueden aumentar tu autoestima y percepción de ti mismo, hacerte sentir empoderado y ayudarte a evitar situaciones incómodas, comportamientos que ejercen de detonantes y reproches futuros.

Los límites son vitales para crear, fortalecer y preservar relaciones saludables, las cuales son positivas para tu salud mental. Algunos ejemplos de límites serían tomarte algún descanso o tiempo libre respecto a tus relaciones, decir «no» sin necesidad de dar explicaciones, no tener que justificarte ante nadie y no tratar de complacer a todo el mundo, todo el tiempo.

Está bien que escuches tus sentimientos y actúes de acuerdo a ellos alejándote de ciertas conversaciones y personas, protegiendo tu energía positiva, valorando tu tiempo, creando espacios seguros y compartiendo cómo te sientes de verdad. Está bien negociar tus límites, establecer consecuencias por no respetarlos y estar listo para aplicarlas.

Puede que te preocupe el rechazo o el abandono, o simplemente no gustar a los demás. Esto puede resultar un poco incómodo, pero presta atención a aquellos que se enfadan; hay quien podría intentar hacerte dudar de tu propia realidad (*gaslighting*). Todas estas actitudes son poco útiles y resultan perjudiciales.

Habrá ocasiones en las que tengas que poner fin a algunas relaciones. Resiste la tentación de disculparte y olvidar tus límites, a menos que sientas que has actuado de forma precipitada o que has cometido un error. El instinto puede ser indicador de lo que realmente quieres y necesitas, no te sientas culpable por seguirlo. Si alguien realmente se preocupa por ti, respetará tu deseo de establecer límites e intentará no sobrepasarlos. También debes respetar los límites que otros pueden establecer contigo, incluyendo cuánto apoyo pueden ofrecerte y cuándo. Establecer límites es un acto de amor propio y, a veces, decir «no» a los demás te permite decirte «sí» a ti mismo.

Elige un momento y lugar adecuados para tener una conversación sobre tus límites. Intenta que sea una conversación tranquila y respetuosa.

A continuación, verás algunos ejemplos de cómo podrías expresar algunos de estos límites simples, con tus amigos o familiares:

- No podré asistir, pero gracias por la invitación.

- Me encantaría ayudarte, pero ahora mismo no estoy en mi mejor momento.

- Gracias por la sugerencia, pero no creo que sea adecuada en mi caso.

- Gracias por preocuparte, pero por favor no me llames tan a menudo.

- Quiero que sigas ayudándome y cuidándome, pero si vuelves a hacer _____, entonces _____.

- Sé que es importante, pero ahora mismo no tengo ganas de hablar de eso.

- No me gusta cuando me hablas así. Si sigues haciéndolo, no voy a seguir pasando tiempo contigo.

¿Qué límites te gustaría establecer? Sé específico. Piensa en el quién, el qué, el dónde, el cuándo y el porqué de cada uno.

1.
....

....
2.
....

....
3.
....

....
4.
....

....
5.
....

....

52

Socialización

Objetivos

Socializar puede ser difícil, pero es beneficioso para una buena salud mental. Quizás le temas al estigma, al juicio ajeno, a la falta de empatía y al rechazo; tal vez creas que los demás no te aceptarían si supieran que tienes un trastorno o te avergüence encontrarte con otra gente porque piensas que podrían darse cuenta de que no estás bien. Quizás pienses que debes «fingir» para conservar tus amistades, lo cual puede hacerte sentir deshonesto, resentido, incómodo o extraño.

Puede que estés siendo injusto con los demás cuando das por sentado que te van a estigmatizar sin tener razones de peso para creerlo. Tal vez temas que pasar tiempo con un viejo amigo te recuerde épocas más felices que crees que no volverán. Todo esto puede llevarte a aislarte y a retraerte, lo cual es muy perjudicial para tu salud mental.

Recuerda que hay técnicas que puedes utilizar para hacer que socializar sea un poco más simple. Por ejemplo, elegir un entorno «seguro» para tus encuentros con amigos, intentar prepararte para responder preguntas incómodas como «¿Cómo estás?», saber cómo cambiar de tema —decir «Quizás podamos hablar de eso más tarde». Comparte solo lo que te sientas cómodo compartiendo y ten un plan de huida listo si las cosas se ponen incómodas.

No sabotees tus relaciones alejando a la gente solo por asumir que tarde o temprano te abandonarán. En cambio, intenta guiar a aquellos que parecen un poco incómodos hablando sobre trastornos mentales, e intenta no evitar a la gente que te importa por la preocupación de no agradarles, pues, al hacerlo, puedes perder un cuidado y apoyo importantes.

Debes salir de tu casa, quedar con viejos amigos y conocer a nuevos a través de realizar actividades y asistir a eventos. No podemos vivir solos, y estar acompañados puede hacernos felices. Recuerda, muchas personas quieren pasar tiempo con alguien como tú.

- ¿Quiénes son tus amigos más importantes?

....

....

....

- ¿A cuáles no les has contado nada de tu enfermedad? ¿Cuáles son los pros y los contras de no hacerlo?

....

....

....

- ¿Qué puedes hacer para fortalecer tus amistades?

....

....

....

- Si alguien pregunta cómo estás y no te encuentras bien, ¿cómo responderías? Podrías decir: «Gracias por preguntar», «Hoy no me siento muy bien», «Un poco decaído/a», o «Agradezco tu preocupación».

....

....

....

- Si alguien pregunta a qué te dedicas y no tienes trabajo, intenta responder: «En este momento no estoy trabajando», «Estoy tomándome un tiempo para mí», o «Estoy trabajando en mi crecimiento personal».

....

....

....

53

Apoyo entre iguales

Objetivos

El apoyo entre iguales significa compartir experiencias comunes para ayudarse el uno al otro. Existen pruebas fehacientes de que funciona y, de hecho, tiene un valor incalculable. Ver a alguien como tú en plena recuperación puede inspirarte a creer que realmente es posible.

Los iguales también pueden ayudar a combatir la soledad y el aislamiento; el mero hecho de saber que están ahí, aunque no estén físicamente a tu lado, puede hacerte sentir menos solo. Los iguales pueden motivarse y ayudarse unos a otros compartiendo esperanzas, dificultades, éxitos, ideas y estrategias de afrontamiento. Todo ello puede ayudarte a rebajar parte de la incertidumbre que puedas llegar a sentir acerca de tu camino hacia la recuperación.

Un vínculo empático entre iguales puede ser fuerte, ya que un igual puede reconocer, entender y celebrar tus éxitos, así como los contratiempos y decepciones, con más facilidad que otros. Pueden recibir y dar ayuda, cuidar y ser cuidados, empoderar y autoempoderarse.

Un igual es capaz de inspirarte en los momentos difíciles, guiarte hacia la recuperación y ayudarte a retomar el rumbo cuando te hayas desviado de él. Puede aumentar tu autoestima y autovaloración y hacerte sentir necesario. La mejor manera de encontrarlos es hablar con amigos y familiares y, al hacerlo, quizás descubras que ya conocías a otros que también estaban luchando como tú.

Además, puedes encontrar iguales en grupos de apoyo, clubes sociales y a través del voluntariado en organizaciones sin ánimo de lucro especializadas en salud mental. Incluso puedes encontrar algunos *online*, en sitios web como ForLikeMinds.com, otras comunidades de apoyo entre iguales de Internet y redes sociales centradas en la salud mental, como la página de Facebook de ForLikeMinds.

Los Especialistas en apoyo entre pares certificados (CPS por sus siglas en inglés) son otro recurso valioso. Son personas con trastornos mentales que viven en recuperación y están capacitadas para ayudar a quienes combaten este tipo de enfermedades (National Association of Peer Supporters, 2023). Su contribución a nuestra comunidad no tiene precio. De hecho, es muy probable que la mayoría de la gente que convive con trastornos mentales pueda beneficiarse del apoyo de los CPS, a fin de cuentas, nadie entiende mejor tu trastorno mental que tus iguales. Hablar con ellos también te dará la oportunidad de compartir tus propios conocimientos y ofrecer apoyo, lo que te proporcionará la maravillosa experiencia de poder ayudar a alguien como tú a superar sus dificultades.

Averigua si hay un Clubhouse en tu zona, como por ejemplo Fountain House. Los Clubhouses ofrecen un modelo de rehabilitación psiquiátrica que brinda oportunidades de socialización a gente que convive con trastornos mentales, a la vez que abordan sus necesidades diarias.

La Alianza nacional sobre enfermedades mentales de los Estados Unidos (NAMI por sus siglas en inglés) (Duckworth, 2022) también ofrece un programa educativo llamado *Peer-to-Peer* (de igual a igual) que brinda oportunidades de crecimiento y apoyo mutuos y funciona en todo el país en filiales locales como la NAMI de Nueva York.

Las preguntas que sugiero a continuación, te pueden servir para empezar a pensar en iguales que puedan ayudarte en tu camino hacia la recuperación. Recuerda que, con el tiempo, tu experiencia también puede ayudarlos a ellos.

- ¿Conozco a alguien que conviva con un trastorno mental?

....

....

- ¿Con qué familiares o amigos puedo hablar sobre mi deseo de encontrar a iguales?

....

....

- ¿Con qué grupos de apoyo entre iguales me puedo poner en contacto para conocer personalmente a mis iguales?

....

....

- ¿A qué grupos *online* puedo recurrir?

....

....

- ¿Dónde más puedo encontrar iguales?

....

....

54

Animales de apoyo emocional

Objetivos

Las mascotas o los animales de apoyo emocional (ESA por sus siglas en inglés) pueden ser una ayuda enorme, tanto que a menudo se consideran miembros de la familia y, en ocasiones, pueden ser incluso más solidarios que tus parientes humanos. La compañía animal puede ayudarnos a reducir el estrés, la depresión, la ansiedad, la soledad y el aislamiento, además de darnos apoyo incondicional, ser una presencia tranquilizadora y ahuyentar los pensamientos negativos. Pueden mejorar tu calidad de vida general al darte un sentido de responsabilidad, propósito y logro, fomentar el ejercicio, ofrecer oportunidades de socialización y añadir equilibrio y rutina a tu vida diaria.

Las mascotas pueden hacerte reír o mostrarte afecto como si intuyeran cuándo necesitas un poco de apoyo adicional. Mucha gente disfruta hablando con sus mascotas porque no temen que estas los juzguen ni sienten que son una carga para ellas. Para quienes están sumidos en la desesperación, los animales son una de las muchas razones para vivir. Al fin y al cabo, ¿quién se encargará de ellos si tú no estás?

Muchos animales pueden calificar como ESA; los más frecuentes son perros, gatos, conejos y hámsteres. La terapia equina también ha demostrado ser efectiva (WebMD, 2021). Para que un animal califique como ESA, se necesita una carta de un profesional de la salud o una agencia que afirme que su compañía puede reportarte beneficio a nivel emocional. Muchas leyes locales conceden privilegios especiales a las personas con animales de apoyo emocional, como la posibilidad de residir con ellas en un edificio sin mascotas y viajar con ellos en la cabina de un avión. Un perro de servicio tiene aún más derechos y privilegios, aunque pueden ser muy costosos. Estos han demostrado ser efectivos en especial para quienes sufren de estrés postraumático (TEPT), como los veteranos de guerra.

Solo debes plantearte tener un compañero animal si estás comprometido a cuidarlo de verdad. Recuerda, tú necesitas amor y apoyo, ¡y ellos también!

- ¿Te has planteado cuidar alguna mascota, visitar una perrera o adoptar temporalmente a un animal?

....

....

....

- ¿Has pensado en hacer voluntariado en una protectora de animales?

....

....

....

- ¿Con quién puedes hablar para escoger el mejor animal para ti y qué preguntas le harías? Por ejemplo, podrías hablar sobre la raza, la manera de cuidarlo o adiestrarlos, entre otras cosas.

....

....

....

- ¿Cómo crees que una mascota podría ayudarte?

....

....

....

- ¿Tienes el tiempo y el espacio necesarios para cuidar bien de una mascota?

....

....

....

UNAS PALABRAS PARA TERMINAR

¡Felicidades, has llegado al final! Espero que, en el trascurso de este libro de ejercicios, hayas ganado habilidades útiles, tu confianza haya crecido y hayas comprendido que la recuperación también es posible para ti.

Lo que más deseo es que hayas encontrado algo de esperanza para que esta te acompañe en el camino sin final al que llamamos recuperación.

Atrévete a soñar con la vida que quieres y esfuérzate para alcanzarla, pues mereces sentirte mejor.

Recuerda que nunca estarás solo en este camino, sino que estarás en los pensamientos y corazones de tus iguales y de todos aquellos que te necesitan, se preocupan por ti y te aman.

Yo creo en ti, tú también debes hacerlo.

¡Buen viaje!

«Un viaje de mil millas comienza con un solo paso».

—Lao Tze

REFERENCIAS

American Academy of Sleep Medicine, AASM, Sleep Education. (s. f.) *Healthy Sleep*. Recuperado el 19 de marzo de 2023 de https://sleepeducation.org/healthy-sleep/

American Foundation for Suicide Prevention (s. f.). *Risk factors, protective factors, and warning signs*. Recuperado el 19 de marzo de 2023 de https://afsp.org/risk-factors-protective-factors-and-warning-signs

American Psychological Association (2010). *Psychodynamic Psychotherapy Brings Lasting Benefits through Self-Knowledge*. Recuperado el 19 de marzo de 2023 de https://www.apa.org/news/press/releases/2010/01/psychodynamic-therapy#:~:text=Psychodynamic%20therapy%20focuses%20on%20the,patterns%20in%20the%20patient's%20life

Anthony, W. (1993). Recovery from mental illness: the guiding vision of the mental health system in the 1990s. *Psychosocial Rehabilitation Journal, 16*(4), 11-23.

Beck, A.T. (1963). Thinking and depression: Idiosyncratic content and cognitive distortions. *Archives of General Psychiatry, 9*(4), 324-333.

Beck Institute. (s. f.). *Understanding CBT*. Recuperado el 19 de marzo de 2023 de https://beckinstitute.org/about/understanding-cbt/#:~:text=Cognitive%20Behavior%20Therapy%20helps%20people,problems%20and%20initiating%20behavioral%20changes

Beck, J. (2021). *Cognitive Behavior Therapy: Basics and Beyond,* (3ra edición). Nueva York. Guilford.

Behavioral Tech (Dialectical Behavioral Therapy) (s. f.). Recuperado el 19 de marzo de 2023 de https://behavioraltech.org/

Bellamy, C. *et al.* (2017). An update on the growing evidence base for peer support. *Mental Health and Social Inclusion*.

Bolles, N. Richard *et al.* (2021). What Color Is Your Parachute? Job-Hunter's Workbook (6ta edición). Ten Speed Press. Berkeley.

Centers for Disease Control and Prevention (CDC) (s. f.). *How much physical activity do adults need?* Recuperado el 19 de marzo de 2023 https://www.cdc.gov/physicalactivity/basics/adults/index.htm

Chinman, M. *et al.* (2014). Peer Support Services for Individuals With Serious Mental Illnesses: Assessing the Evidence. *Psychiatric Services.*

Corrigan, P. (2004). How Stigma Interferes With Mental Health Care. *American Psychologist, 59*(7), 614-625.

Davidson, L. & Strauss, J.S. (1992). Sense of self in recovery from severe mental illness. *British Journal of Medical Psychology*, 65, 131-145.

Duckworth, K. (2022). *You are Not Alone: The NAMI Guide to Navigating Mental Health With Advice from Experts and Wisdom from Real People and Families.* Zando.

Drucker, P. F. (1954). *The practice of management. Nueva York.* HarperCollins.

Fredrickson, B. (2004) The broaden-and-build theory of positive emotions. *Philos Trans R Soc Lond B Biol Sci.*, 359(1449), 1367–1378.

Fromm, E. (1956). *The Art of Living.* Harper and Row.

Goyal M. *et al.* (2014) Meditation Programs for Psychological Stress and Well-being. *JAMA Internal Medicine.*

Mental Health America. (s. f.). *Take a Mental Health Test.* Recuperado el 19 de marzo de 2023 de https://screening.mhanational.org/screening-tools/

Miller, W. R., & Rollnick, S. (2013). *Motivational interviewing: Helping people change* (3ra edición). Nueva York. Guilford Press.

My Plate, US Department of Agriculture. Recuperado el 19 de marzo de 2023 de https://www.myplate.gov/eathealthy/what-is-myplate

National Association of Peer Supporters (2023). *What it Takes: Wisdom from Peer Support Specialists and Supervisors.* Publicación independiente.

National Alliance on Mental Illness (s. f.). *Mental Health by the Numbers.* Recuperado el 19 de marzo de 2023 de https://www.nami.org/mhstats

National Center for Complementary and Integrative Health. (s. f.). *Meditation and Mindfulness: What You Need to Know.* Recuperado el

19 de marzo de 2023 de https://www.nccih.nih.gov/health/meditation-and-mindfulness-effectiveness-and-safety

National Institute of Mental Health, (s. f.). *Mental Illness*. Recuperado el 19 de marzo de 2023 de https://www.nimh.nih.gov/health/statistics/mental-illness

Prochaska, J. (1983). Stages of change in psychotherapy: Measurement and sample profiles. *Psychotherapy: Theory, Research & Practice, 20*(3), 368–375.

Ritsher, J. *et al.* (2003). Internalized Stigma Mental Illness Inventory-19; Internalized stigma of mental illness: psychometric properties of a new measure. *Psychiatry Res.*, 31-49.

Rosenberg, M. (1965). Rosenberg Self-Esteem Scale (RSES). *APA PsycTests.*

SAMHSA (Substance Abuse and Mental Health Services Administration). (s. f.). *Family Psychoeducation (FPE) Evidenced-Based Practices Kit.* Recuperado el 19 de marzo de 2023 de https://store.samhsa.gov/product/Family-Psychoeducation-Evidence-Based-Practices-EBP-KIT/SMA09-4422

SAMHSA (s. f.). *The FindTreatment.gov.* Recuperado el 19 de marzo de 2023 de https://findtreatment.gov/

SAMHSA (s. f.). *Integrated Treatment for Co-occurring Disorders (ITCD) Evidenced-Based Practices Kit.* Recuperado el 19 de marzo de 2023 de https://store.samhsa.gov/product/Integrated-Treatment-for-Co-Occurring-Disorders-EvidenceBased-Practices-EBP-KIT/SMA08-4366

SAMHSA (s. f.). *Permanent Supportive Housing Evidence-Based Practices Kit.* Recuperado el 19 de marzo de 2023 de https://store.samhsa.gov/product/Permanent-Supportive-Housing-Evidence-Based-Practices-EBP-KIT/SMA10-4509

SAMHSA (s. f.). *Supported Education Evidence-Based Practices (EBP) Kit.* Recuperado el 19 de marzo de 2023 de https://store.samhsa.gov/product/Supported-Education-Evidence-Based-Practices-EBP-KIT/SMA11-4654

SAMHSA (s. f.). *Supported Employment Evidence-Based Practices (EBP) Kit.* Recuperado el 19 de marzo de 2023 de https://store.samhsa.gov/product/Supported-Employment-Evidence-Based-Practices-EBP-Kit/SMA08-4364

Swarbrick, M. (2006). A Wellness Approach. *Psychiatric Rehabilitation Journal, 29*(4), 311-314.

Tedeschi, R. & Calhoun, L. (2009). Posttraumatic Growth: Conceptual Foundations and Empirical Evidence, *An International Journal for the Advancement of Psychological Theory, 15*(1), 1-18.

US Department of Justice, Civil Rights Division. American with Disabilities Act of 1990, Title I and Title II Accommodations. (s. f.). Recuperado el 19 de marzo de 2023 de https://www.dol.gov/agencies/odep/program-areas/ employers/accommodations

US Department of Justice, Civil Rights Division, Section 504. Rehabilitation Act of 1973, Protecting Students with Disabilities. (s. f.). Recuperado el 19 de marzo de 2023 de https://www2.ed.gov/about/offices/list/ocr/504faq. html

VIA Institute on Character, (s. f.). *The 24 Character Strengths.* Recuperado el 19 de marzo de 2023 de https://www.viacharacter.org/character-strengths

Warren, E. *et al.* (2005). *All Your Worth: The Ultimate Lifetime Money Plan.* Free Press.

WebMD. (9 de april de 2021). *What is Equine Therapy and Equine-Assisted Therapy,* Recuperado el 19 de marzo de 2023 de https://www.webmd.com/ mental-health/what-is-equine-therapy-equine-assisted-therapy

RECURSOS DE SALUD MENTAL

Europa

Mental Health Europe: www.mhe-sme.org
Mental Health Ireland: www.mentalhealthireland.ie
Confedereación Salud Mental España: https://consaludmental.org/

PREVENCIÓN DEL SUICIDIO

Si tú o alguien que conoces tiene dificultades para salir adelante y necesita que lo escuchen sin ser juzgado, pueden encontrar información y apoyo en los siguientes medios:

España:

Línea de atención a la conducta suicida: 024 o 112 (en los casos de emergencia vital). https://www.sanidad.gob.es/linea024/home.htm